JN132843

初代安碩先生、二代目安碩先生、三代目安碩先生の偉業に命を捧げた
最も偉大なる賢おじいちゃんに捧ぐ

――平成三十一年三月二十六日――

人生は、だれでも
魔法のように変えられる!

この魔法は、あなたの現実を動かす!!

上原愛加
Aika Uehara

PHP研究所

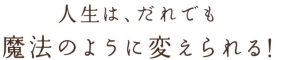

あなたに奇跡が起こる
「魔法の言葉」を贈ります。

それは、

I am a Princess!

です。

I am a Princess!
（私は、プリンセスである）

そうつぶやくだけで、
まるで魔法にかかったかのような
素敵なことが起こり出すのです。

「そんなまさか！」

という声が聞こえてきそうですし、

そう思うのは当然のことです。

でも私は、これまでに
数え切れないほどの女性たちに
このことをお伝えすることで、
信じられないような奇跡を
何度も目《ま》の当たりにしてきました。
実際に、生徒さんたちに起きた
驚きの変化をご覧ください。

教師・30代

Before【レッスン前】

合コン、婚活、友人の紹介……

がんばっても、がんばっても、“王子様”に出逢えない。

早く結婚したいのに、どうしても上手く行かない。

↓

After【レッスン後】

レッスンを受けて、ついに、“王子様”が現れた！

一つも我慢せず、いつものびのびとして、ふんわり幸せな気持ちでいられる人。たまに落ち込んだりした時には、お話をたくさん聞いてくれ、優しくすべてを受けとめてくれ、今までのどの恋愛よりも、“ありのままの自分”でいられる。

「きみが喜んでくれることが、いちばんの幸せ！」と言ってくれた。

ヴァイオリン講師・20代

Before【レッスン前】

付き合っている彼が、ちっとも大事にしてくれず、
悲しくて毎日泣いている。
仕事も、すべてが上手く行かない。

↓

After【レッスン後】

記念日嫌いだったはずの彼が誕生日にロマンティックなサプライズを！（私を迎えに来た車の助手席に小さなプレゼントの包みが♥）
それから、海の見える素敵なホテルに泊まりに連れて行ってくれた（付き合って三年間で初めて！）。
さらに、仕事では、大きなコンサートの依頼が次々と舞い込むようになり、遠くに出張の時は、彼が東京駅まで車で迎えに来てくれるように！

講師・30代

Before【レッスン前】

忙しい毎日。仕事に追われ、
恋愛にも、まるっきり、縁がない。

↓

After【レッスン後】

レッスンを受けはじめてからしばらくして、突然、長年親しくしていた方から、プロポーズを受ける。

また、仕事での評価が著《いちじる》しく伸び、契約の更新となった。学会で優秀賞をいただいたり、国際的な学会で発表のチャンスが巡ってくるなど、長年の夢が、次々と叶いはじめる。

さらに、仕事で赴《おもむ》いた場所で、「こちらで働いてみませんか？」と声をかけられ、ずっと憧れていた場所に引っ越すという夢まで叶った！

大学生・20代

Before【レッスン前】

いつも周囲と自分を比べて、イライラ。

自分のことが好きになれない。

↓

After【レッスン後】

エーデルワイスに通い始めて、奇跡のようなことがたくさん起こるようになった！

まず、ずっと載りたかった学校紹介のパンフレットに大きく載ることができた。それから、応募者が多いために受かる確率の低い審査に合格し、憧れていた場所でアルバイトをすることができた。

心配していた就職活動も、（無理に頑張ることなく！）思い描いていた以上の場所に、するりと決まってしまった。

大学生・20代

Before【レッスン前】

将来の夢を叶えたい。

恋愛も上手く行かず、悩み中。

↓

After【レッスン後】

レッスンを受けたその日に、憧れていたお店の求人を見つけ応募すると、すぐに採用される。

さらに、ずっと夢見ていた服飾関係のアトリエに就職が決定(給与面で悩んでいたら、以前の職場の縁で、他の場所で週に一日だけの勤務が叶い、問題解決!)。

さらに、「可愛い」と男性から言われることが多くなり、大切に扱われる経験も増え、自分でもびっくりするほど、モテるように!

看護師・20代

Before【レッスン前】

結婚して三年間、子どもができない。
不妊治療を受けようかどうか、悩み中。

↓

After【レッスン後】

レッスンに通いはじめて、旦那さんが本当に変わった。一緒にジョギングをしてくれたり、ハンバーグを作ってくれたり、誕生日に抹茶ケーキを作ってくれるまでになり（！）、思い描いていた以上の理想的な結婚生活が実現。さらに、旦那さんの仕事が上手く行き始め、転職に成功し、お給料が約二倍に。希望通りの土地に豪華なマイホームを数百万円の値引きで購入することができ、それからついに、不妊治療なしで念願の赤ちゃんを授かる。

会社員・20代

Before【レッスン前】

恋愛で傷ついた経験があり、未来が信じられない。

↓

After【レッスン後】

レッスンを受けて、ずっと結婚したいと思っていた彼からプロポーズ。さらに、「家にいてくれるほうが嬉しい」と、念願の"専業主婦"に（仕事に悩んでいた時だったので、びっくり！）。

さらに、タイミング良く新築のマンションを購入することができ、半年後、子宝に恵まれる。

また、彼のご両親が、とても優しく自分のことを受けいれてくれ、長い間、夢に見ていた通りの温かい家族に包まれ、心が安心と幸福で満ち足りる。

いかがでしたか？

これらのことは、
何も特別なことではなく、
レッスンをしていると
日々当たり前のように
起きていることなのです。

この本では、私がレッスンで
実際におこなっている、
その具体的な方法について
お伝えしようと思います。
騙されたつもりで、
ぜひ試してみてください。

I am a Princess!

（私は、プリンセスである）

この瞬間から、
あなたの人生に
奇跡が起こるでしょう！

本書の中で紹介されている
エピソードはすべて、
「エーデルワイス」に通われている
生徒さん(20代～50代の女性)からの
お手紙に基づいた実話です。
「エーデルワイス」について詳しくは、
みなさまへ(P.271～)をご覧下さい。

人生を変える〝魔法〟を、あなたに！

もし、人生を変える「魔法」があったなら、
あなたは、試してみたいと思いませんか。

その上、その魔法はとても簡単で、誰にでも今すぐにでき、さらに、人生のあらゆる悩みや問題（恋愛、仕事、結婚、家庭、育児など）に対して効き、
その上、効果はお墨付きです。

それでは、早速、〝魔法の言葉〟をお伝えしましょう！

それは、とってもシンプル。

「I am a Princess（私は、プリンセスである）」です。


え？　何のことか分からないって？

それでは、ご説明しましょう！


じつは、Kさん（会社員・30代）も、この魔法の言葉を聞いた時、

「それって、どういうこと？」と首をかしげたうちの一人でした。


初めてのレッスンの日から数日後、三泊四日で、ご両親と一緒にハワイ旅行に行ってきたそうです。

そこで広い海や大きな山などの自然に包まれた時、

『私は、この世界で、ただ一人だけなんだ。

だから、私には、かけがえのない価値がある。これが、

「I am a Princess（私は、プリンセスである）」ってことなんだ！

って、雷に打たれたように分かったんです！』

と少し、興奮気味に話してくれました。

このように、「I am a Princess（私は、プリンセスである）」とは、

「自分とは、世界でただ一つの、

かけがえのない価値のある存在である」

ということを心から理解する、ということなのです。

そして、もう一つ大切なことは、

そんな〝自分〟が幸せになるために必要なものは、

あらかじめ、全部用意されているということです。

さらに、それらが自然と〝運ばれてくる〟ようになります。

耳を疑いたくなるような話かもしれませんが、この本に書かれていることを試してみると、あなたにもこんなことが起こります！

ずっと彼氏ができなくて悩んでいたRさん（事務）

『教えていただいた通りに過ごしていたら、本当に願っていたことが次々叶い始めました!!

一番のことは、とってもステキで、世界一、私を愛して大切にしてくれる恋人ができた事です!! 恥ずかしながら、これまでまともな恋愛経験がなかったのですが、その人は、ありのままの私を受け入れてくれる、とっても優しい人です。

「君は、僕のお姫様だから！」

とデートの時は、必ず、エスコートしてくれますし、重い荷物や鞄を持ってくれたり、行きたいなあ、と思っていた所へ連れて行ってくれたり。

この間、デートしていた時、ふと、あるお店のシンデレラのガラスの靴のネックレスに目が止まりました。シンデレラが好きな私は、つい反応してしまったのですが……。彼は、迷わず、すぐにそのネックレスをプレゼントしてくれました！

しかも、そのネックレスは、最後の一つ。運命を感じました！　私の大切な宝物です。

これからも、教えていただいたことを実践し、自然の力を信じて、周りを大切にしながら生きて行こうと思います』

就職を控え、進路や人間関係に悩んでいたAさん（大学生）

『魔法みたいなことが起こったので、お話しさせて下さい。
とうとう、就職が決まりました！　まさに条件がぴったりの場所です。
就職先について、いろいろなことを考えていた日から、しばらくしたある日のこと。偶然、その職場を紹介されたのです！　何がいい、場所はどこがいい、ということは、一切話していないのですが、昔から東京に住むことが夢で、それが叶えられました。

ほんとうに、ほんとうに……うれしかったです。

私はなにもしていないのに、こんなにもすんなりと理想の就職先が運ばれてくるなんて。しかも、夢もひとつ、叶ってしまうなんて（とんとん拍子に！）』

付き合っている彼との未来が不安で、どうしたらいいか分からなかったYさん（会社員）

『この魔法を試してみたら、すぐ、ずっと付き合っていた彼が、私の誕生日に、ずっと憧れていたディズニーランドホテルに連れて行ってくれました！（彼のご両親の関係で優遇されて、一泊数万円もするホテルが、なんと1万円で宿泊できました）

さらに、そこで、彼がプロポーズしてくれたのです！

オーダーメイドの指輪には、大好きなシンデレラのガラスの靴と、二人のイニシャルが刻み込まれていました♥

自分が思っていたより、ずっと素敵な形で夢が叶い、人生がバラ色になりました！』

もう何年も男性との出会いがなく、
仕事に追われる日々にうんざりしていたSさん（大学講師）

『いただいたアドバイスを、すぐに実践してみました♥　一言でいえば、「目標を達成するために頑張りすぎるのをやめること（自分が元々授かっているものの価値を認めてあげること）！」

そうしたら、びっくりするような変化が、次々起きています。

- ずっと親しかった男性からプロポーズされたこと
- 学会で優秀発表賞をいただいたこと
- 国際的な学会で発表のチャンスがめぐってきたこと
- 夢だった沖縄訪問、仕事で行くことができたこと

他にも色々あります！　ありがとうございます』

先日、立派な桃をひとつ、いただきました。
早速、切ってみたところ、その中には、大きな種がありました。

この桃と同じように、あなたの中には、**「大きな種」**があるのです。
これを、「プリンセスの種」と呼ぶことにしましょう！

あなたが生まれてからずっと眠っている状態であるこの種を目覚めさせる〝魔法の言葉〟こそ、「I am a Princess」です（またこれは、この種を育てていくにあたって大切な考え方でもあります）。

日々の中で、この種を育てるだけで、文字通り〝魔法のようなこと〟が、あなたにも必ず、起こりはじめます。なぜなら、自然の力が、この種を通じて豊かに循環を始めるからです。
そうすると、あなたが幸せになるために必要なもの、たとえば素敵な出会い、チャンス、結婚などが、自然と運ばれてくるようになるのです！

『実際にレッスンで学んだことをやってみると、〝私の中には、プリンセスの種があるんだ〟ということが自然と分かりはじめました。
最近は、「こうなったらいいなぁ〜」と思ったことが、気付いたら叶っていた！　ということがよくあり、自分でも不思議ですが、自然の力に包まれていることも理解できました！』（会社員・20代）

あなたの中に眠っている一つの大きな種（プリンセスの種）を育てることで、自然と運ばれてきたものは、あなたを必ず、幸せにするものです。でも、どのくらい、幸せにしてくれるのでしょう？

それは、「最高」または「一番」です！

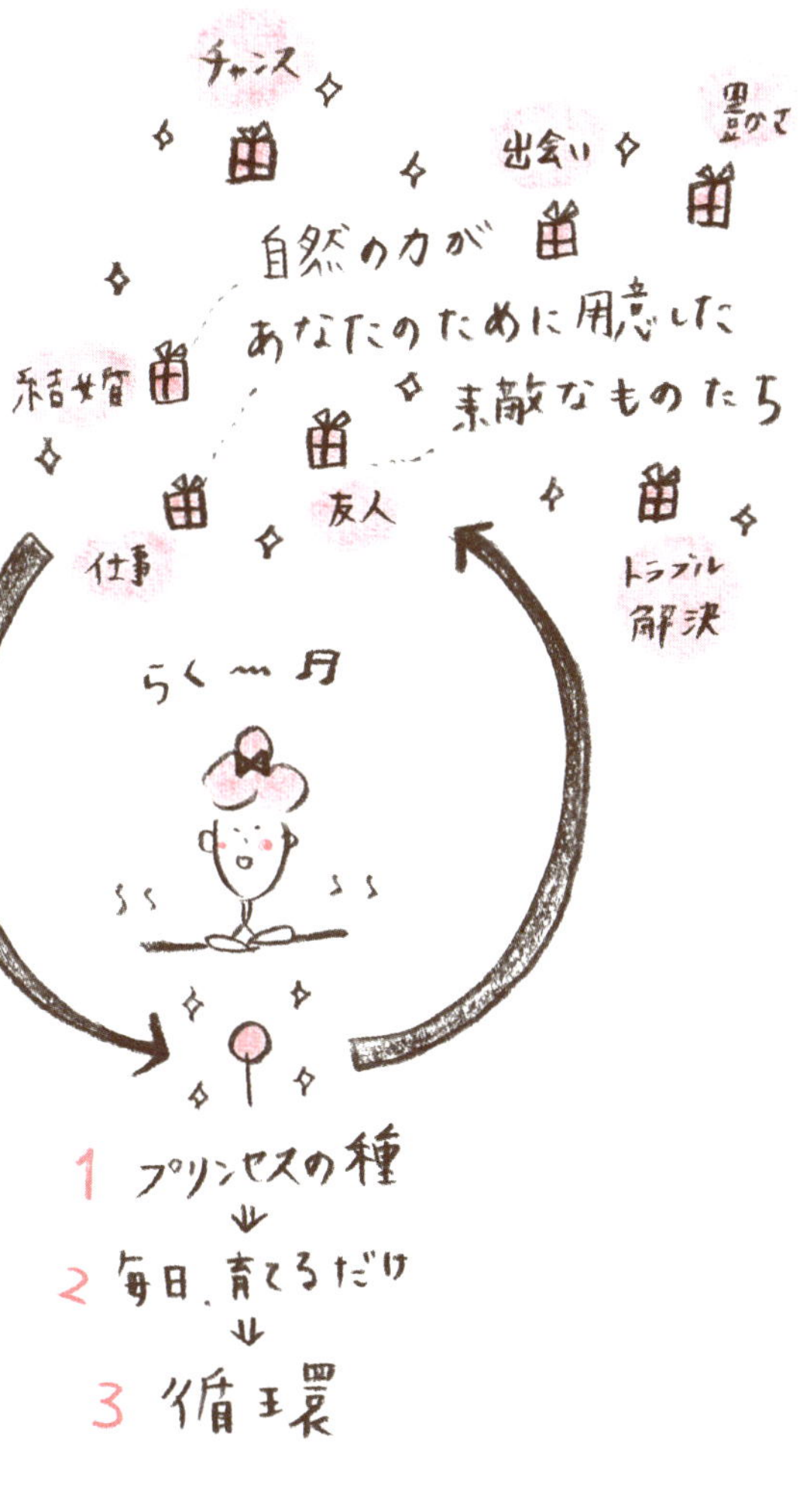
チャンス
出会い
豊かさ
自然の力が
あなたのために用意した
素敵なものたち
結婚
友人
仕事
トラブル解決
らく〜〜
1 プリンセスの種
2 毎日、育てるだけ
3 循環

この理由は、あなたに何かを運んでくる「自然の力」は、とても高いレベルにあるということです（※P．74のイラスト参照）。

このことを知ると、無理をして自分から働きかけたり、必死になって追いかけたりする必要なんてない、と思えるようになります。なぜなら、わたしたちは、「そこそこ幸せ」「まあまあ幸せ」になればいいのではなく、「最高に幸せ！」「一番幸せ！」になりたいのですから。

その夢を実現できる方法が「プリンセスの種を育てること（そして、運ばれてきたものを受けとること）」であるなら、それを選ばずにはいられません！

『この一か月はとてもラッキーなことにあふれていました。

本当は難しかったことが、偶然にタイミング良くできるようになったり、こうなったらいいな～と思ったことが現実になったり。まさに「王子様♥」という方とのすてきな出会いもありました!! どんどん幸せなできごとが私に向かって運ばれているような、そんな気持ちです!』(会社員・20代)

『ある用事を変更したいな~と思っていた矢先、相手側からキャンセルの連絡が入り、驚きました。

また、先日、百貨店に行った時に、寄ろうか迷って結局やめた私の好きなブランドのお菓子を、その次の日に何も知らないヨガの先生からプレゼントとしていただきました。

それから、白鳥の湖の全幕を観にいきたいと思っていたタイミングで(ネットで調べてもヒットしなかったのに!)、その公演のチラシを偶然渡され、早速申し込みをすると、ものすごい良い席で観られることが決まったのです!』(大学生・20代)

『驚くことが起こりました! ひとつは、残業が多くて困っていたのですが、上司にお願いしたわけではないのに、急に「残業禁止令」が出されたこと!

ふたつめは、会社で席がドアに近いところにあり、冬に凍えるほど寒くて困っていたのですが、どういうわけか、クライアントさんが気遣って下さり、奥の温かい席に移動することができたのです！』（外資系コンサルティング会社勤務・20代）

もう一つ大切なことは、「どんな状況の中でも、（プリンセスの種さえ育てていれば）必ず、運ばれてくる」ということです。

大阪から、新幹線で通って下さっているFさん（看護師・40代）は、「この年になっても結婚の気配すらない」ことが悩みでした。そんなFさんが、ある日のレッスンで、一枚の写真を見せてくれました。

「新幹線の中から、こんな大きな虹が見えました！」

その後しばらくして、Fさんに、とても素敵なことが〝運ばれてきた〟の

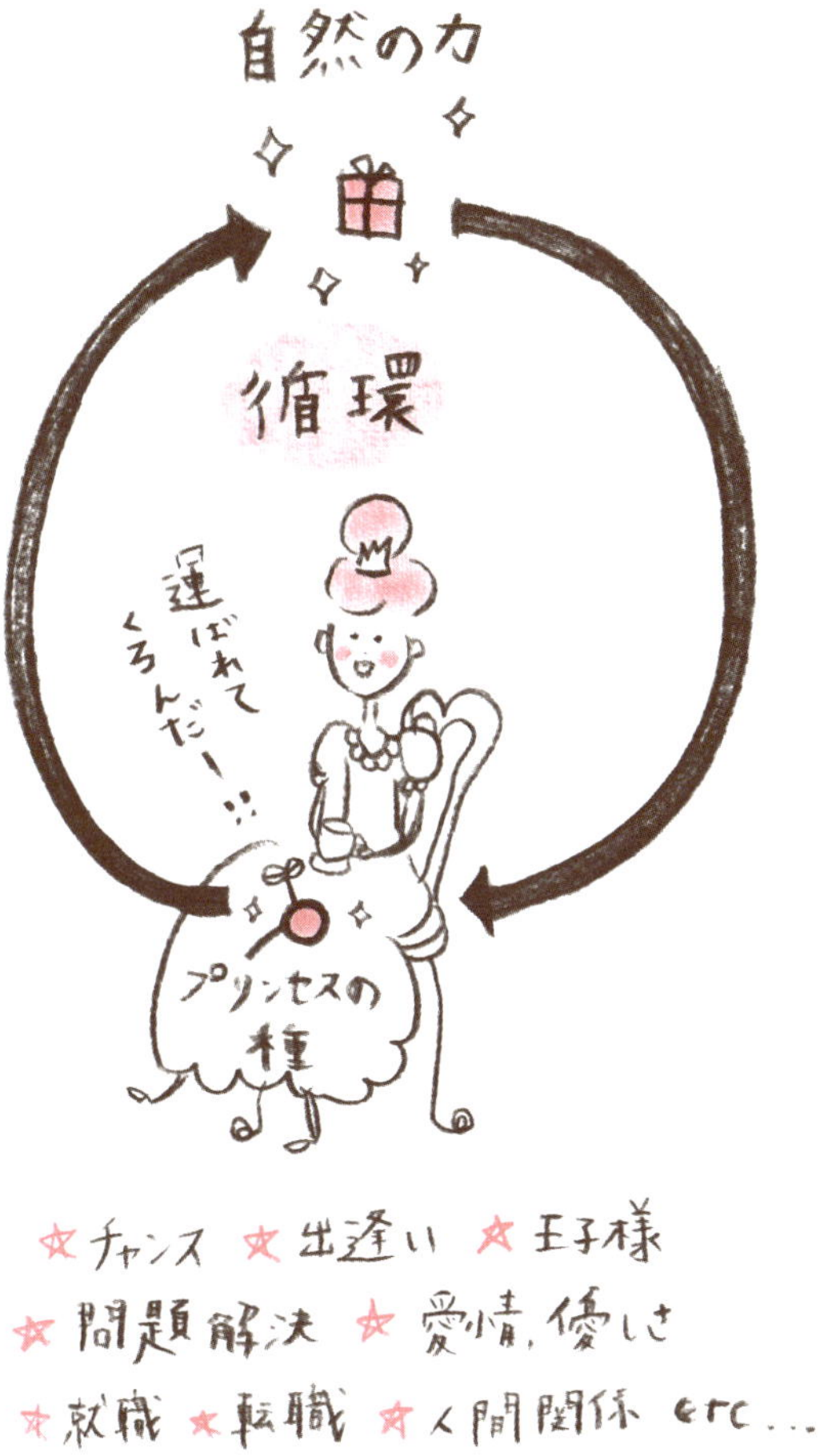
自然の力
循環
「運ばれてくるんだー!!
プリンセスの種
☆チャンス ☆出逢い ☆王子様
☆問題解決 ☆愛情、優しさ
☆就職 ☆転職 ☆人間関係 etc...

です。それは、年下の、誠実な彼との出会いでした。彼は、今までのどの男性とも違い、Fさんのことをとても大切にしてくれる人だと言います。「今までのどの恋愛より、温かく、幸せな恋をしています！」とお手紙には綴《つづ》られていました。

ずっと雨降りだった毎日に、大きな虹がかかるような瞬間が、誰にでも用意されています。**自然の力は、誰にでも、平等に働く**からです。

ここで、魔法を効かせるコツをお伝えします。

「やっても、やっても上手く行きませんでしたが、それでも、気にせず続けたことが、大きな前進（ずっと悩んでいた問題の解決）をもたらしました！」とは、Sさん（会社員・20代）の言葉です。

このように、魔法のコツは、「上手く行かなくても、気にしない」「できな

くても落ち込まず、やり続ける」ことです。

「プリンセスの種」の成長は、分かりやすいものではありません。

それは目に見えないものであるばかりではなく、一日で何十センチも伸びたり、突然、花が咲いたりはしません。でも、それは、あなたが気付かない所で、目には見えないレベルで、育ち続けているのです（やった分だけ、必ず育ちます）。

特に、仕事や育児をしていると、できない時があったり、忘れてしまったりすることもよくあります。そんな時も、気にする必要はありません。一日や二日、水をやり忘れたことで、ダメになってしまうものではないからです。

『完璧を目指さず、できない自分を許してあげるようにしました。できない自分を責めないことが鍵なのですね！』（教師・20代）

そして、「そんな毎日をくりかえし、数か月後に振り返ってみたら、驚くような変化です！」と皆、びっくりしたように話してくれます。プリンセスの種の育ち方は、様々な植物の育ち方と似ているのかもしれません。

「エーデルワイス」には、たくさんの観葉植物が置かれています。最初は、どれも10センチ位だったのですが、今では、みんなに驚かれるほど育ちました。「どうしたら、こんなに育つのですか？」とよく聞かれますが、それは、「細かいことを気にしないから（水をあげるのを忘れても大丈夫！）」「育ちが遅いように見えてもガッカリしないから（０・０１ミリは、伸びているのですから！）」なのだと思います。

最後に、この本の中に載っている素敵なエピソードや体験談の出所について、お伝えしておきたいと思います。

私は、「エーデルワイス」という小さな学校をひらいています。現在、そこには、全国各地からたくさんの女性たちが通っています。年齢層は、20代～50代と幅広く、職業も、会社員、小中学校教諭、秘書、受付、航空会社勤務、銀行勤務、幼稚園教諭、主婦、大学講師など様々です。

この〝魔法〟は、そこで伝えられているものなのです！

最初、誰もがみんな、「魔法のようなことは、自分には起こらない」「そもそも、魔法なんて現実に存在するはずない！」と疑っていました。

でも、「疑う必要なんてなかった！」「この魔法は、現実を動かす！」ということを、彼女たちは、自分の行動と現実の変化をもって証明したのです。

『ここ最近の私の状況ですが……なんと、彼ができました!! そんなことあるはずないって思うくらい、自分自身が一番びっくりしています。

本当に久しぶりにできた彼で私も浮かれていますが、これからも、プリンセスとプリンスとしてふさわしいなら上手くいくはず！　と考えて、焦らず過ごしていきたいと思っています。

レッスンを受け始めて、どうにもならないと思っていたことが、こんなにするすると叶ってしまうなんて。そして、私の希望以上の結果で自分に運ばれてくるなんて。本当に幸せです！』（客室乗務員・20代）

このようなことが起こった人は、今までに数えきれません。

だから、はっきりと言い切ることができます。

この魔法の力は確かなものであり、誰にでもよく効きます。そして、魔法のように素敵なことは、どのような人にも起こることなのです。

これまでに、全国各地から数え切れないほどの女性が「エーデルワイス」を訪れ、この魔法の効果が確かなものであることを実証してきました。

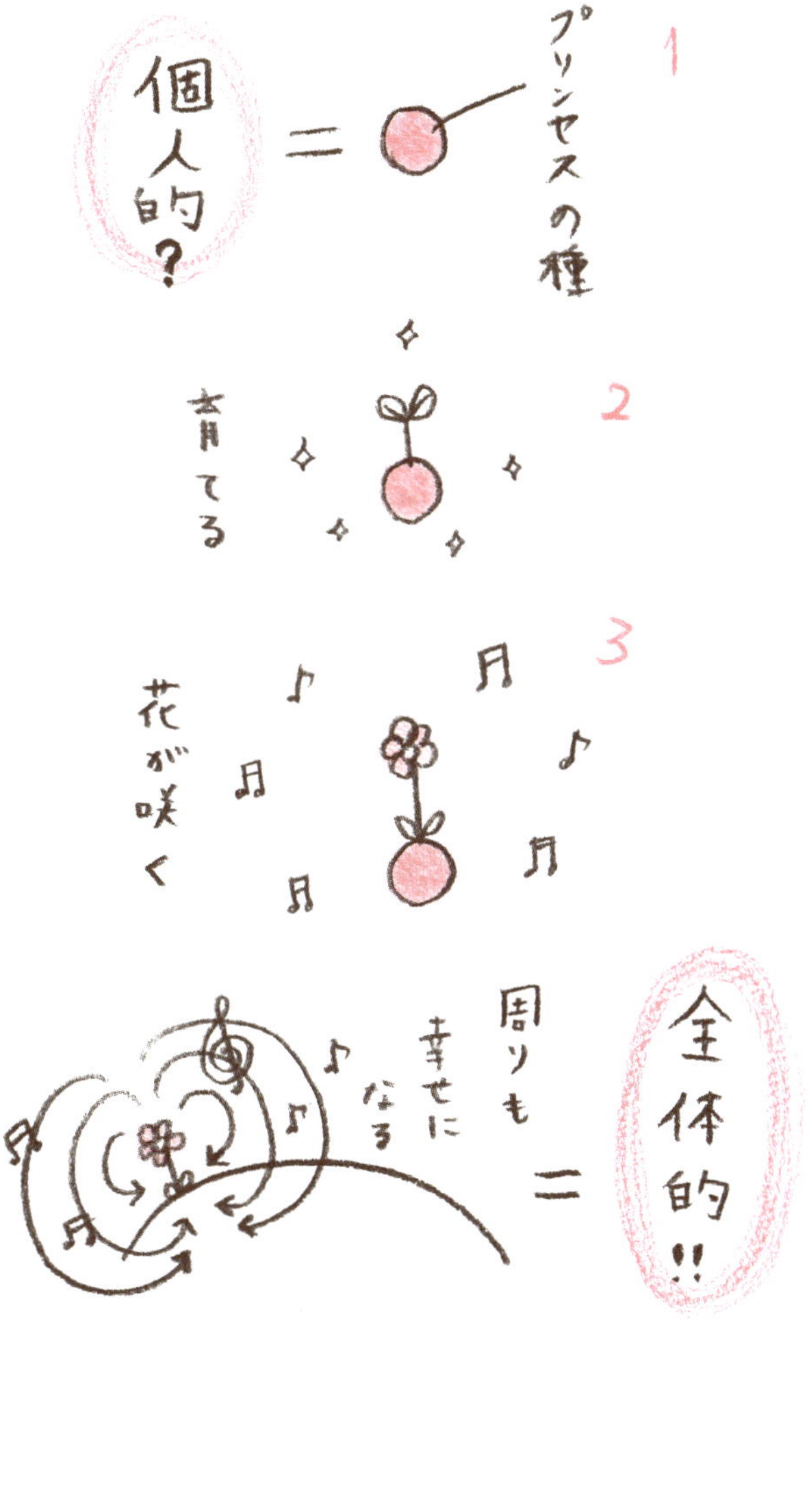
1
プリンセスの種
個人的?
2
育てる
3
花が咲く
4
周りも幸せになる
全体的!!

『ずっと心にあったわだかまりが、考え方を変えたり、受け取り方を変えたりしただけで、180度変化するとは思いもしませんでした。

変化する事がとても怖かったから、日常を覆《くつがえ》す事が怖かったから、つい、惰性でズルズルと毎日を過ごしていたと思います。

習ったことのないことばかりでしたが、変化を恐れずに続けてきて本当に良かったです。

エーデルワイスで教わらなければ、きっと、私は、変わることができなかったと思います』（会社員・30代）

どんな人の中にも『プリンセスの種』が眠っています。

プリンセスの種が目覚め、日々の中で育ち、お花が咲きます。


そうすると、お花から良い香りが溢れ出すように、自分自身のみならず、あなたの周囲の人々、たとえば、家族、友人、同僚、さらには、社会全体、世界全体に至るまでが、少しずつでも幸福に、また、豊かに潤《うるお》っていくのを

〝自然と〟助けることができるようになるのです。

そんな日々を積み重ね、ふと気が付いた時には、あなたは無理することなく、この世界全体の大きな循環の〝小さな起点（通過点）〟となり、社会全体がよりよい方に向かっていくための役に立つことができているでしょう！

このことが、あなたに豊かな繁栄と、さらなる幸福をもたらし、また、それを途切れることのないようにするのですね。

「せっかく生まれてきたんだから、
自分だけじゃなく、世間のためになるように」

と、97歳を迎える父方の祖父は教えてくれました。「もしかしたら、この願いは、すべての命に託されている共通の〝夢〟なのかもしれないなあ」と感じるようになりました。この〝夢〟を叶えることは、個人としての幸福と分け隔《へだ》てられるものではなく、じつは、密接に繋がっているのかもしれません。

では、そのはじまりは、どこにあるのでしょう？

それは、わたしたちが、自分の中に眠っている『プリンセスの種』の存在を知り、それを育てていくことにあります。それは自分勝手なこと、利己的なことではなく、きちんと、全体に結びついていくことなのです。

「I am a Princess（私は、プリンセスである）」は、決して、自分の幸せのためだけの魔法の言葉ではないのです！

Contents

人生は、だれでも魔法のように変えられる！

この魔法は、あなたの現実を動かす!!

カバー・本文デザイン
諸橋藍（釣巻デザイン室）

カバー・本文イラスト
上原愛加

Chapter

1

きっと、
助けてくれる！
と信じる

「I am a Princess（私は、プリンセスである）」とは、

あなたには、かけがえのない価値があり、
とても大切な存在であるということです。

だから、自然の力はあなたのために、
たくさんの素敵なものを用意しています。

出逢い、チャンス、もちろん、
あなたの仕事先だって、そのひとつです！

さあ、勇気を出して、あなたが本当に大切にされ、
きらきらと輝ける場所を探す旅に出かけてみましょう！

野に咲く一輪の花を、イメージしてみましょう。

日の光が降り注ぎ、ときに、雨が降る……

このように、一輪の花を育てているのは、「自然の力」です。

じつは、このことは、わたしたちの中の「プリンセスの種」においても言えることなのです。

だから、プリンセスの種を育てるコツは、自分の中に「自然の力」をできるだけたくさん取り入れること！

「自然の力」をより多く取り入れれば取り入れるほど、プリンセスの種は、よりよく育つようになるのです。

自然の力
循環

「自然の力」とは、この世界の中にあるすべてのもの――たとえば、「人間」「自然」「動物」などを最初につくった力です。それは、すべての源にあり、この力が空気のように世界全体を満たし、風のように世界全体を巡っているために、わたしたちは守られ、生かされ、また、育《はぐく》まれ続けています。

この世界のあらゆる人、物の一つ一つを通じて、「自然の力」は循環しているのですね！

とくに、人間の中で自然の力が通るポイント（通過点）があります。

その通過点こそ、わたしたちの中の「プリンセスの種」なのです。

〝プリンセスの種を育てる〟ということは、〝プリンセスの種を通じた自然の力の循環を高める〟ということなのですね。そうすると……！

『ビックリすることが起こりました！　いつも商店街の抽選などでは末賞しか当たったことのない私が、一等のディズニーランドペアチケットが当たったのです！』（医療関係勤務・30代）

このように、あなたを超えた、はるかに大きな力（自然の力）が「プリンセスの種」を通じて豊かに循環を始め、出たり入ったりをくり返すようになるために、現実が、あなたの力を超えたレベルで動き始めます。

そして、あなたが本当に必要とするもの、あなたの幸せになくてはならないもの、あなたの価値にふさわしいものが、とても高いレベルから自然と運ばれてくるようになります。

これが、魔法の正体です！

でも、自然の力って、どんなもの？
それって、本当にあるの？

とあなたは思うかもしれません。
私も、初めは、そう思いました。エーデルワイスに訪れる多くの女性たちも、初めは、そう思っていたのです。

でも、どの人においても、とにかく、この目には見えない「自然の力」の存在を信じて行動することで、実際に、「現実が夢のように動いた！」という結果が得られます。

やっぱり、自然の力は、本当にあるのです。

『前回のレッスンから、私が感じることのできた〝自然の力〟をお伝えさせてください。

朝、会社のデスクで食べようと準備したおにぎりを家に忘れてしまいました。どうしようと思いながら職場に行くと、「お土産です」と私の大好きなクッキーがデスクの上に置いてありました！

晩ごはんをつくりながら、調味料が足りないことに気づき、どうしよう、と困っていたら、実家から食材が送られてきました。なんとその中にその調味料が入っていたのです！

お仕事を朝早くから頑張って、とても疲れた日。どこからともなくディズニー映画の曲が聞こえてきました。なんと、広場でオーケストラの演奏会をしていたのです。素敵な音色と演奏に、疲れが吹き飛びました。

「蒸し器があったらいいのにな～」と思っていたら、結婚の内祝いにスチーマー（蒸し器）が送られてきました！　しかも、フランスのメーカーでオシャレでした♥

朝早くから用事があった日。疲れて家に帰り、テレビをつけたら、タイタニックの映画が偶然やっていました（その番組は、いつもは有料放送で観ることができないのです！）。その日だけは、なぜか無料放送でした♪

こんなに沢山の素敵なことがありました！』（主婦・20代）

魔法1 とっておきの場所をつくる

さあ、ここからは、日々の暮らしの中で、自分の中に「自然の力」を取り入れるための具体的、かつ、簡単な工夫について、お話ししたいと思います。

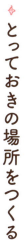

一つ目は、「ベランダ」を使った工夫についてです。あなたのお家やお部屋には、ベランダはありますか？　もしなければ、「窓際」や「窓辺」でも大丈夫です（※効果に差はありません！）。

あとは、小さなイスを一つ用意しましょう。これも、新しく買う必要はありません。食卓のイスや勉強机のイスで十分です。

「それをベランダに出して（あるいは、窓辺にもって行って）、コーヒーや紅茶などの好きな飲み物と一緒に、リラックスした時間を好きなだけ！」

※窓辺の場合は、窓を開けましょう！

※時間があるときは、30分～1時間くらい、ゆったりしましょう。好きな本を読んだり、音楽を聴いたりして心ゆくまで楽しんでみましょう。

※毎日する必要はありません。一週間に一度くらい、あなたの好きな時、気が向いた時がベストです。休みの日の午前中、または、午後、仕事が終わって帰宅した後、ベッドに入る直前、など、いつでもＯＫです。

※冬の寒い日は、「毛布×ホットココア」の組み合わせがおすすめです！

これで、魔法は完了です。

ベランダや窓辺は、太陽の光や風などの「自然の力」が集まる場所です。そこで、たった数分の時間を過ごしてみるだけで、あなたの中に「自然の力」が流れ込んでくるのです。この場所のことを、「自然の力とつながる〝とっておきの場所〟」と呼びましょう！

Wさん（会社員・20代）は、時間に余裕がある時、気が向いた時に、「自然の力とつながる〝とっておきの場所〟」で過ごすようにしてみました。

ベランダで温かい飲み物を飲んだり、風を感じたり、空を見上げたりしていると、自分の中に「自然の力」がどんどん満ちていく気がして、ちょっとの時間でも、とってもリフレッシュできるのだとか！

そうしたら、まるで魔法のように、次から次へと「運のいいこと」や「タイミングのいいこと」が訪れはじめました。

そして、ついに、奇跡が起こったのです！

その時、Wさんが心から必要としていたもの（それも、望んでいたより、ずっと素敵なもの！）が届けられたのです。

それは、誰もが名前を知っている一流の会社への転職でした。誰もがビックリするようなチャンスが、Wさんが想像もしていなかった道を辿って、Wさんのところに運ばれてきたのです。

魔法2 ◆ 自分にふさわしい場所に行く決意をする！

じつは、Wさんは、学校を卒業してから、ずっと同じ職場で働き続けていました。

レッスンを受けはじめ、自分の心の中にある素直な気持ちを大切にするようになってから、今の職場に対して、辛さや苦しさ、また、居心地の悪さがあることを感じるようになりました。

それから、「どうしても生活リズムが不規則になってしまう」「終業時間が遅すぎる」ということも大きな理由でした。

でも、Wさんは、これまで一度も転職をしたことがありませんでした。なにか、特別な資格をもっているわけでもありません。

「履歴書に自信を持って書けるようなことがなにもありません。
こんな私でも、だいじょうぶなんでしょうか」

と不安でいっぱいな様子。

でも、かけがえのない価値がある自分なのだから、自分が幸せに働ける場所（少なくとも、辛さや苦しさを感じずにいられる場所）が、用意されているはずです。

だから、Wさんは、勇気を出して、決めました。

「今の会社を辞め、自分にふさわしくない場所を離れよう。
どうか、自分にピッタリの場所が見つかりますように！」

それから、転職サイトを見たり、求人情報誌を買ってみたり、友人に聞いたりして、転職活動をはじめました。
しかし、思うようにスムーズに進みません。自分の力ではどうにもならない八方ふさがりの状況の中に陥ってしまったWさんは、ある日、突然、ひらめきました。

そうだ、「自然の力」に助けてもらおう！

そのために、ベランダにイスを出し、そこを「自然の力とつながる〝とっておきの場所〟」にしてみたのです。
ちょっと時間がある時には、そこに出て、温かい飲み物を飲んだり、お菓子を食べたり、リラックスして過ごすようにしてみました。

すると、Wさんに、こんなことが起こりはじめたのです。

『今日までの間に、ベランダでホットドリンクと甘いものを持って、ぼーっと♥まったり♥過ごす時間を、できるだけ、毎日つくってみました（たまに、大好きな音楽をかけてみました！）。

そうしたら、びっくりした魔法のような出来事がありました。

じつは、大人気グループのライブのチケットに落選してしまい、とてもショックだったのです。同じファンの友人やチケットサイトで探してみたけど無理で……。
でも、そんな時こそ、「自然の力」にお願いしてみよう！　と思いました。
「私に必要なものなら、きっと運んでくれるし、そうじゃないなら、もっといいことがある♥」と信じることに決めました。

そして、安心して、楽しく待っていました。

そうしたら、友人が「チケットが余っている子がいるから!!」と声をかけ

てくれ、譲っていただけることになったんです♥　これには、本当にびっくりでした』（Wさんからのお手紙より）

このような変化は、自分の中に「自然の力」を多く取り入れるようにすることで、誰にでも、簡単に起こります。

あなたにだって、今すぐ、起こることなのです！

「自然の力」を自分の中に取り入れれば入れるほど、循環が高まり、プリンセスの種が育ち、あなたが本当に必要とするものが運ばれてくるようになります。

ここからは、さらに、自然の力を多く取り入れるコツをお伝えしたいと思います。

考え方のポイント

この世界の中には、2つの力があります。
それは、「自然の力」と「自分の力」です。

「自然の力」は、空気のようなものと考えて下さい。

いっぽう、「自分の力」は、無意識のうちに、
あなたの中をいっぱいに満たしている力です。

だから、「自分の力」をぬくと、自動的に
まるで呼吸をする時、空気を吸い込むように、
「自然の力」が自分の中に流れ込んでくるのです。

自然の力
空気のように
いつもあるんだー!!
自動的に
ふえる!!
自分の力
へらす
(ぬく)

魔法3 力を抜いて、日々を楽しむ！

何気ない日々の暮らしを「とにかく楽しむ」ようにしてみましょう！
楽しむことで、自然と、自分の力が抜けます。

「楽しむ」とは、純粋に「好きなこと」「幸せなこと」「心地よくなること」を積極的に、たくさんしてみるということです。

『思えば仕事をはじめてからは、心から「好き♥」をおろそかにしていたような気がします。「忙しい」を理由に楽しく過ごすことを忘れていました。
もう一度、原点に戻り、「好きな時間」や「楽しいこと」をしてみたいと思います♪ 今この瞬間をめいっぱい楽しめるような、幸せを感じれるような、そんな自分になっていきたいです♥』（会社員・20代）

そのコツは、

「今日は、～ができなくちゃだめ！」ではなく、
「毎日、ただ楽しく、ただ幸せなら、それでいい！」

と考えてみること！　それは、

ただ、楽しいだけで、何の成果もない日々の暮らし♬
ただ、幸せなだけで、何の達成もない日々の暮らし♬

を自分にゆるしてあげるということです！

もしかしたら、「そんなことゆるせない！」「怠《なま》けているようで、できない！」と感じるかもしれません。

でも、〝ゆるす〟ことができるのは、ちゃんとした理由があります。

それは、「（何かができる、できないに関わらず）かけがえのない価値のある自分が、この世界の中に、ただ存在しているということ」に大きな意味があるからです。

「今日は、〜ができなければだめ！」とか、「今日は、〜をしなくちゃだめ！」というふうに考えてしまうのは、「何かができなければ、私はここにいてはいけない」と心のどこかで感じているからかもしれません。

その根っこを掘り下げていくと、「自分には、価値がない。だから、ただここにいるだけではダメなんだ」という思い込みに突き当たります。

これは、「I am a Princess」とは、全く反対の考え方です。

「あなたには、かけがえのない価値がある。ただここにいるだけで、十分な存在である」これが、「I am a Princess」という考え方です。

だから、今日、何かができなくてもいいのです。

「楽しいだけ」「幸せなだけ」でいいのです！

ちょっと抵抗を感じるかもしれませんが、「何かができてもできなくても、そんなこと気にしない！」こんなリラックスした気持ちで毎日を過ごしてみるときに、プリンセスの種は、ぐんぐん育っていくのです！

『この一か月は、久しぶりと言ってもいいくらい、おだやかに、ゆっくりと過ぎて行きました。

自分が純粋に興味のあることを調べて、その場所に行ってみたり、好きなことをして思いっきり楽しんだり、一日一回は、必ず笑っていました。すごく充実していた一か月でした。

そうしたところ、な、なんと仕事先が決まりました！

自分でも信じられないくらい、トントン拍子であれよあれよと言う間でした。自分的には、もっと時間がかかるものと思っていたので、ただただ、ビックリしています！』（会社員・30代）

魔法4 ◆ 自分に「楽しい時間」をプレゼントする

毎日ではなくとも、週末に「楽しい時間」「心地よい時間」「幸せな時間」を自分にプレゼントしてあげる、というのもいい方法です！

『最近、自分の気持ちに素直になれるようになってきた気がします。

それから、「私はこのくらいでいいや……」というあきらめのような気持ちが少しずつなくなり、「無駄だ」ときめつけ、自分に許せなかった〝楽しい時間〟を自分にプレゼントできるようになってきました。今までより、大好きな本を読んだり、手芸をする時間が増え、毎日が、また少し楽しくなりました。一日一日を大切にできるようになってきた気がします。

これは、とっても小さな変化でしかないと思いますが、私にとっては、大きな変化です』（図書館勤務・20代）

大きな変化を起こすのに必要なのは、ほんの小さな努力です。

「特別な日」ではなく、「普通の日常」

「派手なこと」ではなく、「地味なこと」

これが、〝魔法〟の鍵なのです！

『先日、抽選でプレゼントが当たり、ステージの上でプレゼントをいただきました。運がいいな、と思うことの連続でした♪

特別な努力をしたわけではなく、ただ力をぬいて、いい気持ちで過ごしていただけなので、「これぞ魔法♥」と思わざるを得ませんでした。（転職のことはまだ分からないけれど）私にも、まだこれからステキなことがたくさん起こるかもしれないと、わくわく♪

毎日がいいことばかりなわけではないけれど、きっと、自然が力を与えてくれるんじゃないかな、って思いました。

こんな日がずっと続いていくように、特別な日よりも何気ない日を、派手なことよりも平凡なことを大切にしたいと思います！』（会社員・20代）

魔法5 一旦、ストップする！

自分の中の「自分の力」を減らせば減らすほど、
自動的に「自然の力」の量が増えていきます。

つまり、「自然の力」を増やすコツは、
「自分の力」を減らす（抜く）ことなのですね。

「自分の力」とは、何か重い物を持ち上げるとか、
何かを移動させるというような力だけではありません。

見落としがちな点は、あなたの思いの力、考える力、
願う力などの思考の力も「自分の力」なのだということです！

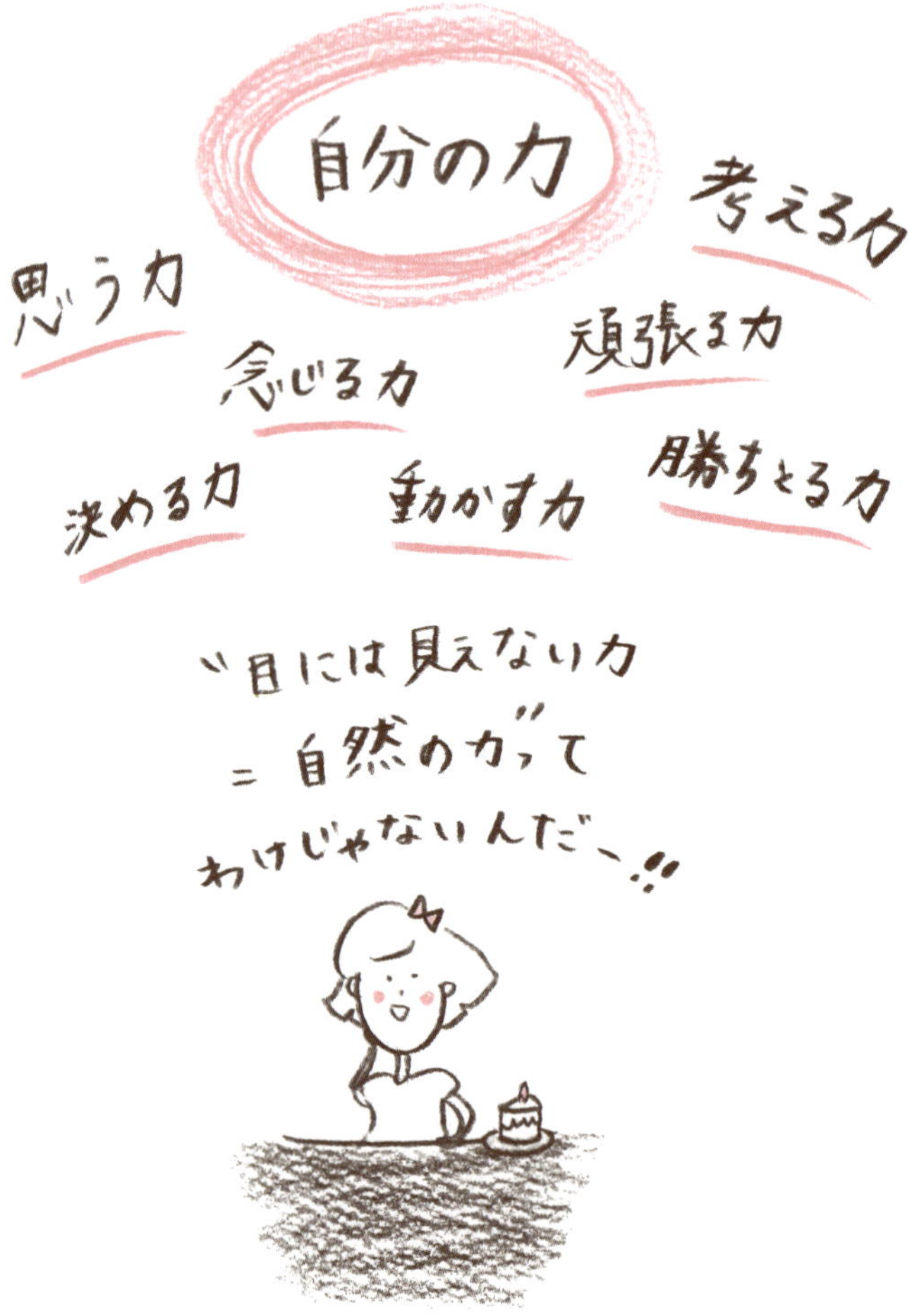
自分の力
考える力
思う力
頑張る力
念じる力
勝ちとる力
決める力
動かす力
"目には見えない力
= 自然の力"って
わけじゃないんだ〜!!

だから、何かを思い詰めたり、ずっと考え続けていたり、願い続けていたり、念じ続けていたり（！）する時なんかにも、「自分の力」は、ぐんぐん増えてしまうのです。

●友達と喧嘩したことについて、一週間も悩み続けている。
●試験に受かるかどうか、そのことがずっと頭から離れない。
●「素敵な人と結婚できますように！」と願い続けている。

このような時は「自分の力」が、自分の中をいっぱいにしているために、無意識のうちに、「自然の力」をシャットアウトしてしまっている時なのですね。そうすると、皮肉なことに、ますます、そのことが「実現しにくく」「叶いにくく」「解決しにくく」なってしまうのです。

『仕事に関してですが、2年前からずっとやりたいなぁと思っていた企画が思い描いていた通りの、それ以上の形で実現でき、とってもうれしかったです。

そして思ったことは、過去の全てが今につながっていたこと。今が一番ベストなタイミングであったということです。

自然の力を信じて、今を楽しく過ごしていれば、一番ベストなタイミングで夢は叶うんだと感じずにはいられませんでした！』（匿名希望）

魔法6 自然の力の助けを借りる

「自分の力」よりも、「自然の力」のほうがずっと高いところ（高いレベル）にあります。

でも、どれくらい高いのでしょう？

それは、エベレストを超えたところより、もっと上です。

（これに比べて、自分の力は、自分の身長の高さです！）

NO.1!!
BEST
自然の力のレベル
こだわり!!
自分のレベル
じつは、とても低いレベル

自然の力がどれだけレベルが高いか、想像に難《かた》くありません。

つまり、「自然の力」だけが、（自分の力ではどうにもならないような）問題、悩み、不安、または、願い、夢などを動かすことのできる、唯一のものなのです。

だから、自分の力でどうにもならない時は、

思いきって「一旦、ストップ！」してみましょう！

そうすることで、あなたの中の「自分の力」が抜け、「自然の力」が流れ込んで来ます。そうすると、不思議なことに「なんとかなる」「あれ、なんか上手く行っちゃった！」となるのです。

このやりかたは、人生のありとあらゆる問題に効果的です！

その問題が大きければ大きいほど（自分の力ではどうする事もできないようなものであればあるほど）、「一旦、ストップ！」して、自然の力におまかせし、とにかく日々の暮らしを楽しむようにしてみましょう。

楽しめば楽しむほど、自然の力があなたの中に流れ込みます。そして、その問題が思ってもみなかった方法で解決されてしまうのです。

魔法7 ◆ いい気持ちで過ごすようにする

同じ部署の人たちと折り合いが悪く、毎日、ストレスがたまる一方だったKさん（会社員・30代）は、このやりかたを試してみたところ、それから数か月後に、突然部署の異動が決まりました。

『今月から、以前在籍していた本部に異動となりました。以前居たところに比べて、人数も何倍にも増え、人も変わり、新しい部署に新人としてやってきたような感じです。
想像をこえるすばらしい環境で、心地よく、あたたかく、楽しくて、幸せなきもち、感謝のきもちでいっぱいです！』（Kさんからのお手紙より）

このように、「困ったときは、自分の力を抜くこと」に限ります。

それは、その問題を自分の力で何とかしようとするのをやめること。そして、「何とかなる」「どこかから助けがやって来る」と気持ちを楽にして、安心して、日々の暮らしを楽しんでみることなのです。

魔法8 こだわりすぎるのをやめる

ここでひとつ、質問です。

プリンセスの種って、どこらへんにあると思いますか？

それは、**「下腹部」**です！

この種とつながっているのが、「自然の力」です。

これに対して、反対の性質をもつ部分が、どこかにあります。

それは、**「頭」**です。

頭とつながっているのが「自分の力」です。

わたしたちは、頭を使って「考える」「思う」ことをします。そのために、これらは「自分の力」に含まれてしまうのですね。

つまり、何かについて考え過ぎであったり、強く思い続けていたり、それにこだわりすぎていることがある時は、「自分の力」が働きすぎているために、「自然の力」を拒絶してしまっている時なのです！

自然の力
自分の力
頭
プリンセスの種

特に、「絶対に！」とか「必ず!!」とか「どうしても！」という感じで、凝《こ》り固まっているものに関しては、注意が必要です。

たとえば、

私は、絶対にコレが一番いいと思う
私は、アレじゃなくちゃダメだと思う
私は、必ずコレが必要だと思う
私は、どうしてもアレが大事だと思う

このように、何かに対して強くこだわる自分の思いや考えがあるときは、「自然の力」を完全に閉め出してしまう状態にあります。

じつは、多くの人が、「こだわること」をやめられないのには理由があります。

それは、こだわるのをやめると、こだわり以下のものになってしまうのではないか、と思いこんでいるからです。

「ディズニーランドホテルで結婚式を挙げるのが夢で、それにこだわるのをやめると、それ以下になってしまうのではないか？」

「年収１千万円以上でポルシェに乗ってる彼氏が欲しくて、それにこだわるのをやめると、それ以下になってしまうのではないか？」

「５ＬＤＫの一戸建てに住みたいという夢があって、それにこだわるのをやめると、それ以下になってしまうのではないか？」

つまり、「こだわるのをやめると、理想や憧れ、夢に見ているものが実現するレベルが下がっちゃうんじゃないか？」と恐れているために、こだわることをやめられないのです。

でも、じつは、これはとっても大きな〝かんちがい〟だったのです（私もずっとこのカンチガイをしていた一人であり、それに気づいた時の衝撃を忘れることができません）！　正しくは、

「頭でこだわることをやめることにより、
ずっとレベルの高いものが運ばれてくるようになる。
（思い描いていたよりはるかに高いレベルで夢が叶う！）」

なぜなら、こだわることをやめることで「自分の力」の量が減り、自動的に「自然の力」が増えるからです。

前にもお伝えしたように、「自然の力」は、「自分の力」をはるかに超えた高いレベルにあるものです。それは、問題の解決だけではなく、理想や憧れ、夢の実現においても、ずっと高いレベルの働きをもっているのです。

だから、こだわることをやめることで、それより低いレベルのものしか手に入らない、ということはありません。
実際は、こだわることをやめることで、それよりレベルの高いものが〝運ばれてくる〟のです！

『前回のレッスンでは、こだわることをやめ、自然の力にゆだねることを教えてもらい、わかりやすく心にストン！　と入りました。

今までの私は、「これがいいの!!」「これじゃないとだめ!!」という気持ちが強く、必死に自分の力でどうにかしようとしては上手くいかず、「何で叶わないの？」「どうして…？？」と自分を責めては落ち込んでいました。

でも、こだわることをやめてみたら、日々の中で、私の元にも自然の力からのプレゼントが運ばれてくるようになりました♥

そして、つい先日、理想以上のお仕事が決まりました。

それまで不採用が続き、上手くいかず、自信もなくなっていたのに、驚くほど、するんとその場で採用してもらえたときはビックリで、こんなにスムーズに流れるように決まったのは自然の力のおかげなんだと感じました！』（会社員・20代）

ここで、とても大切なことを一つ、お伝えします！

それは、自分にとって「一番いいもの」「最高のもの」に、自分の頭（考え）は到達することができない、ということです（どんなに一生懸命考えても、そうすることはできません）。

それなのに、わたしたちは「自分の頭が全部を知っている」とか、「自分で考えた結果がベストである」と思い込んでいることがほとんどです。このことに、こだわったり、しがみついたりしてしまうことの原因はあるのかもしれません。

でも本当は、あなたにとって〝一番いいもの〟〝最高のもの〟は、「自然の力」だけが知っています。そして、それを運ぶことができるのも、「自然の力」だけなのです。

魔法9 ◆ 自然の力におまかせする

このことを知ったWさんは安心して、こだわっていたことや挙げていたたいろいろな条件にたいして「自然の力におまかせしよう！」と思うことができました。

そんな中で、ある日、お母さんと一緒にショッピングモールに行った時に、そこで、お母さんの知り合いとお茶を楽しみました。その時に、その方が、信じられない言葉を口にしたというのです。

「〇〇（誰もが知っている一流の会社）で一緒に働いてみない？」

Wさんは、それまで、そういう場所とは縁がなかったし、そのような場所で働きたい、と思っていたわけでもなかったので、本当に驚いたと言います。でも、誰もが名前を知っているような会社で働くことができるようなチャンスが訪れたのは、「自然の力が運んでくれたもの」だと感じ、それを引き受けることにしたのです。

『新しい仕事がなかなか見つからず、紹介してくださる方もいたのですが、なかなか上手くいかずに……でも、自然のちからを信じて待っていました。ある日、母と買い物に行き、その後、お世話になっている方に会う約束に付き合っていたところ、「甘いものが食べたい」と思っていた時で、そしたら、

ケーキをごちそうしてくれました♥（何も言ってないのに♥）
それからなぜか、仕事の話になり、「一緒にやってみない？」とお誘い下さったのです!!
こんな形での誘いには、本当にびっくりで!!　思わぬところからの助けって本当にあるんですね!!
今までの私なら、きっと必死に探しまわっていたと思います。しかも、私がこだわって探していた条件より、はるかに良い条件でした！』（Wさんからのお手紙より）

魔法10　安心して、待っている

どうしたら良いのか分からない問題に直面した時、自分ではどうすることもできない状況に陥った時、わたしたちは混乱し、不安になり、寝ても覚めてもそのことが頭から離れなくなってしまいます。

でも、そんな時こそ、思い詰めることを「一旦、ストップ！」してみましょう。そして、自然の力を信じ、「安心して、日々を楽しく過ごして、助けが来るのを待っている」ようにしてみましょう。

自然の力は、プリンセスの種のあるところに、必ず巡ってきます。だから、「自然の力に任せていれば、絶対に大丈夫‼」なのですね。

Rさん（不動産会社勤務・20代）は、初めてのレッスンの時、涙ながらに「今の職場と合わず、体調も優れず、落ち込んでいます」と話してくれました。

それから勇気を出して、転職を決意しました。とても怖かったけれど、「自然の力が、きっと、助けてくれる！」と信じることに決めました。

すると、Rさんに「理想を完璧に叶えた職場」が運ばれてきたのです！

「最近、部屋の掃除をしたら、一枚の紙が出てきました。そこには、次の職場に対する欲張りすぎる程の条件が10個くらい（笑）書かれていたのですが、（自然の力から運ばれてきた）今の職場は、その条件をすべて、完璧に満たしていたのです！　自然の力って、本当にすごいですね」とRさん。

さらに、それからすぐ、大好きな彼から、とても素敵にプロポーズされ、幸せな結婚式を挙げる夢まで叶えられてしまいました！

どんなに八方ふさがりのような状況であっても、「自然の力が私をきっと助けてくれる、大丈夫！」と心をちょっと楽にして、自分の力を抜いてみるだけで、そこにすぐさま流れ込んでくるのが「自然の力」なのです。

Chapter

2

心に
正直になって、
「NO」を言う!

「I am a Princess」とは、あなたはとても大切な、
かけがえのない存在である、ということです。

だから、あなた自身を大切にしてください。

もしも、あなたが心身に不調を感じたり、あまりにも
苦しい気持ち、辛い気持ちになっているのだとしたら、

堂々と「NO」と言っていいのです！

自分自身の素直な気持ちを大切にし、
心に正直になって、「NO」と言う時に、
プリンセスの種は、ぐんぐん育っていくのです。

魔法11 自分の心に正直になる

ここで、Eさん（バイオリン講師・20代）のお話をしたいと思います。

Eさんは、バイオリンの先生の仕事をしていました。何人もの生徒を抱える先生で、自分のコンサートをひらいたりもしていました。

その上、カッコよくて、人気があって、お金持ちな彼氏もいました。とてもオシャレで、長い髪がよく似合っていました。見た目には、何の悩みも、問題もなさそうな、とても可愛い女性です。

でも、初めてレッスンに来た時、Eさんは、このように言いました。

「毎晩、涙が止まらないんです……」

その理由を聞いてみると、大きく2つありました。

1つめは、仕事のことでした。

「本当は苦しくて、辛いときも、無理をして（周囲からの見え方を気にしたり、もう仕事が二度ともらえないのではないかと思ったり、相手にどう思われるかが怖くて）、どんな仕事でも引き受けています」

2つめは、彼氏のことでした。

「彼に、NOと言えません。
仕事が深夜すぎまで続くことが多く、連絡が来るのがいつも午前2時頃なのですが、それまで（電話に出るために）無理をして起きていたり、調子が悪かったり、気分が良くないときでも、断ることができません」

こんなとき、いったい、どうしたらいいのでしょう？

そこで思い出してほしいのが、「I am a Princesss（私は、プリンセスである）」です。それは、「あなた」は、世界でただ一つの、かけがえのない存在であるということです。

そんな「あなた」が、あまりに傷ついたり、心身のバランスを崩してしまうことは、あなたが担《にな》う全体のための働き（自然の力が、それぞれの命に与えた役割）が弱まったり、時に失われてしまう、ということに他なりません。

だから、あなたをとても苦しい気持ち、とても辛い気持ちにさせるものには、自信をもって堂々と、「NO」と言っていいのです！

でも、Eさんは、どうしても、「NO」と言うことができません、と言いました。

それから、どうして「NO」と言うことができないのか、ということを考えてみました。

「もしかしたら、怖いのかもしれません……。

仕事を断れば、仕事が減ってしまうかもしれません。それは、今まで仕事一筋で頑張ってきた私にとって、自分の価値を下げることと同じです。そうすれば、周りにも、見下される気がします。

それから、彼氏からのデートの誘いを断ったり、遅い時間であっても連絡をすぐに返さなければ、彼に嫌われてしまうかもしれません。もしかしたら、別れようと言われてしまうかもしれません」

魔法12

変わらない自分の価値を信じる

自分は、世界にただ一つのかけがえのない存在、とても大切な存在だということは、頭では理解できるけれど、周りの反応や相手にどう思われるかが気になって「NOと言えない」「断ることができない」とEさんは言いました。

「NOと言うこと=自分の価値を失うこと?」

Eさんだけではなく、わたしたちは、このように考えがちです。仕事の実績や、周囲からの高い評価、また、彼氏の好意的な反応を失うのが「怖い」のは、それによって、自分の価値が失われてしまう(減ってしまう)ように感じられるからかもしれません。

ここで、もう一度、桃を思い浮かべてみましょう。
その中にある大きな種は堅く、たとえ、叩いても、
割れたり、壊れたりすることがありません。

それと同じようにあなたの中のプリンセスの種も、

たとえ失敗しても、割れることがなく
友達に嫌われても、壊れることがなく

周りの評価が下がったから、小さくなることがなく
成功したからといって、大きくなることもありません。

あなたの外側で起こることに関わらず、
「いつも変わらず、失われることがないもの」
それが、あなたの本当の価値です。

そういう部分が、目には見えないけれど、
自分の中にある、ということを知りましょう！

あなたの価値は、外側のどのような出来事（仕事の業績）によっても、また、誰かの評価や反応によっても、変わることがないのです。

そしてそれは、あなたの内側で、常に、一定に、また、高いレベルで保たれているのです。

『この一か月は、ゆっくりですが、とても良い方向に向かっていると自分で思える月でした。仕事で無理をして、ちょっとバランスを崩してしまっていた体調も治って、食欲も戻ってきました。今では暴飲暴食しなくなり、ストレスも減りました！

少し気が進まない仕事を断って、収入が減ってしまうことを悩んでいたら、その日に父がお小遣いをくれました。それから、兄の結婚が決まったり、ずっと探していたカバンが手に入ったり、とっても美味しいお土産をいただいたり♥　心が落ちついていく日々の生活の中で、良いことがたくさんありました！』（Eさんのお手紙より）

魔法13　くっつけないようにする

しかし、多くの人が、「自分の価値とは、液体である（減ったり、下がってしまいかねないものである）」と考えています。

それはまるで、水のようなものであり、仕事で失敗やミスをすれば、あるいは、友人や彼氏、両親からの評価が下がれば、その水（自分の価値）はこぼれて、減ってしまうものだ、と。

でも、これは、とっても大きな〝かんちがい〟なのです！

この〝かんちがい〟にとらわれているばっかりに、わたしたちは、自分の価値が絶対に下がらないように、その証明となるものを勝ちとろうと頑張り続けてしまいます。

それはたとえば、仕事や学業での成果や達成であったり、
または、人からの評価や好意や承認であったり。

「お金持ちでカッコいい彼氏がいる＝私には価値がある！」
「仕事で売り上げがナンバーワン＝私には価値がある！」
「友達から好かれていて、人気者である＝私には価値がある！」
「テストで高い点数をとった＝私には価値がある！」

自分の価値についての本当のこと

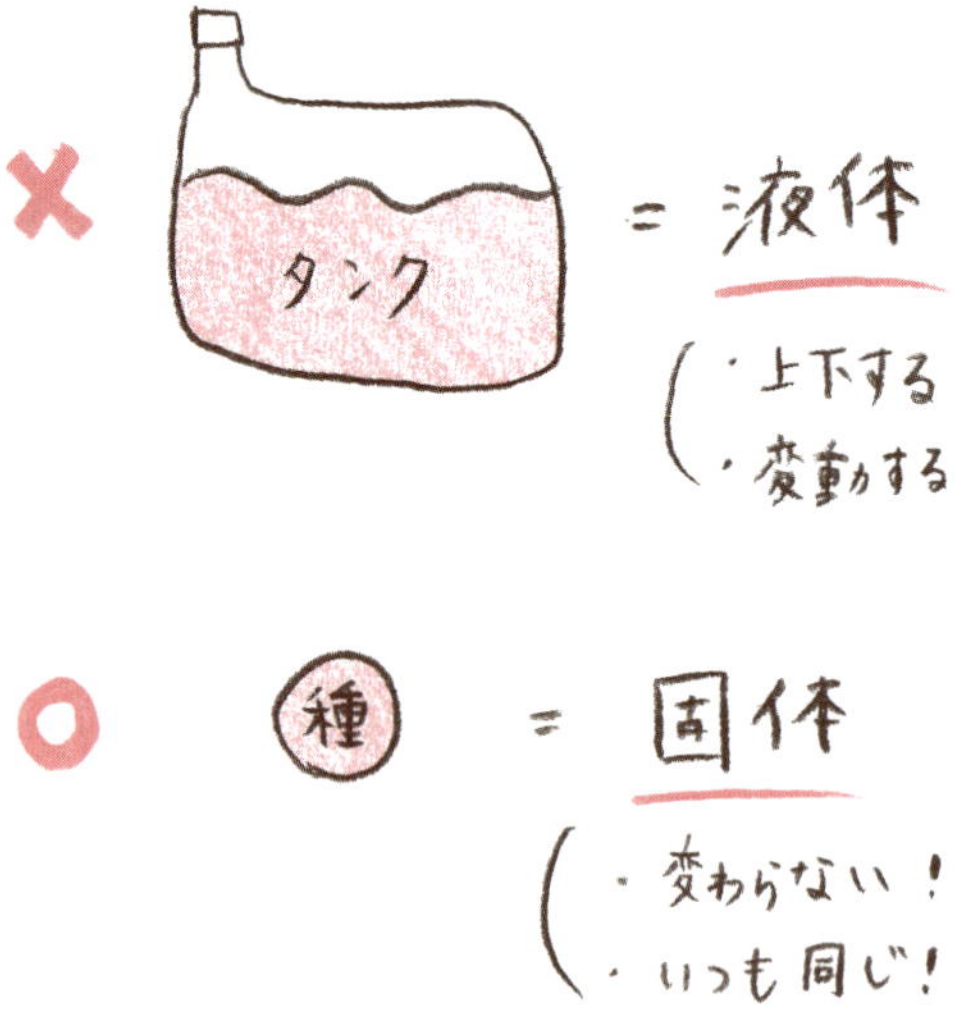

右ページのイラストのように、あなたの中に、自分の価値の〝貯水タンク〟があるのだとイメージしてみましょう！

わたしたちは無意識のうちに、その貯水タンクと外側の何か、たとえば、仕事の成績や達成、人からの評価や好意などを〝くっつけることによって〟、川や海からパイプで水を引くように、自分の足りない価値を補給しようとしています。

だから、（NOと言うことなどによって）くっつけてしまっているものとの接続が断ち切られた時に、わたしたちは、こう感じます。

「私の価値は、なくなってしまった（下がってしまった）！」

そして、ひどく落ち込み、ショックを受けます。

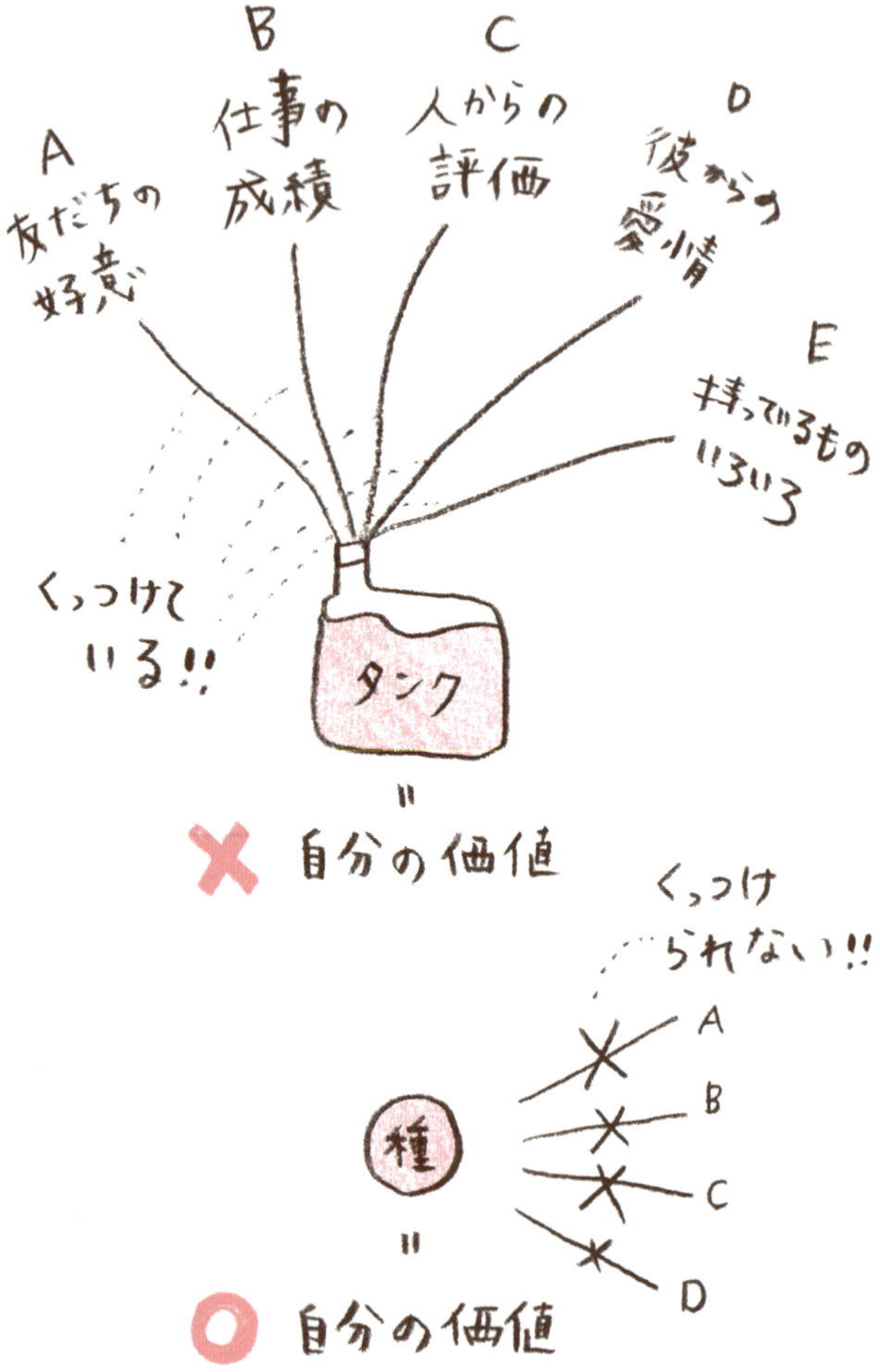
A
友だちの好意
B
仕事の成績
C
人からの評価
D
彼からの愛情
E
持ってるものいろいろ
くっつけている!!
タンク
=
×自分の価値
くっつけられない!!
A
B
C
D
種
=
○自分の価値

しかし、これは、やっぱり、とても大きな〝かんちがい〟なのです。

なぜなら、あなたの価値は、種のようなものだからです。

それは、液体（水）ではなく、固体（種）です。

先ほどイメージしてもらった自分の価値の貯水タンクも、わたしたちの想像力から生まれたもの（あるような気がするけど、実際にはないもの）です。

ただ、自分の価値が「液体」であり、大きな貯水タンクが自分の中にあるのだと勝手に思い込んでしまっているだけなのですね。

これは、わたしたちが幼い頃に、「何かができた時に評価される（価値があると見なされる）」「何かができなかったら評価されない（価値がないと見なされる）」という体験がつくり上げた〝思い込み〟であることがほとんどです。

わたしたち誰もにみられる、この自分の大きな〝かんちがい〟を突き止め、決して失われることのない（液体ではなく、固体の）価値を自分が生まれた時からもっていること、そして、自分の価値とは、外側の何かと〝くっつける〟ことで供給できるものではない、ということを知りましょう。

「自分の中にある種＝揺るぎない普遍的な価値」の存在を知ることにより、その種（プリンセスの種）は、ぐんぐん育ちはじめるのです！

『前回のレッスンで、「プリンセスの種があるのだから、すでに、とっても大きな価値がある」と教えてもらい、大きな安心感に包まれました。

その日の帰りは自然と♪景色がキラキラして見えたんです!!　心にゆとりができたのがわかり、とても幸せな気持ちでした♥

もっともっと、自分の価値を100％信じられるようになって、私の中のプリンセスの種を大事に育てていきます♪』（会社員・20代）

魔法14

この世界にただ一つであることを思い出す

あなたの顔や、手や、足や、目、鼻、口。
それらは、世界でただ一つだけのものです。
なにより、あなたの中には、「大きな種」があるのです。
この種もまた、世界でただ一つだけのものです。
そして、それは、外側のどんな出来事、
人、物ともくっつけることは、できません。

誰かから好かれている
誰かに嫌われている

そういうことでも、一切、上がったり、下がったりしないのです。
『ある仕事をしていて、久しぶりに遅くまで残っていたときのこと、少し離れた席から、「悪口かな？」と思うような話し声が聞こえてきました。

でも、「誰かに好かれても嫌われても、自分の価値はゆるがない！」ということを思い出しました。そうしたら、その仕事は無事に終わり、なんと、悪口を言っていた人と普通にお話をすることができるようになったのです。

どこかモヤモヤしていたきもちが晴れました。

このほかにも、「ゆっくりでいいから、自分の本当の気持ちを大切にしよう♥」と思って行動したら、話したいと思っていた方に話しかけていただいたり、あたたかいメールが届いたりして、とても嬉しかったです！』（20代・会社員）

魔法15

人の目を気にするのをやめる

もしかしたら、あなたが今まで、苦しい時や、辛い時に無理をして、あるいは、人の目や相手の反応を気にして、自分の心に正直に、素直になることができなかったのは、NOと言うことによって、自分の価値が下がってしまうのではないか、という、目には見えない大きな恐怖があったからなのかもしれません。

でも、あなたの価値は、「どのような時も、変わらないもの」であり、「外側のどんな人、物、出来事ともくっつけられないもの」です。

遅刻して上司に怒られたから、パパやママに結婚が遅いと言われたから、友達に映画の約束をドタキャンされたから、第一志望の大学に合格できなかったから、といって、決して下がることのないものが「自分の価値」というものなのです（反対に、仕事で上司に褒められたから、売り上げ目標を達成したから、周囲に認められたからといって、上がるものでもありません）。

だから、

「どんな時も、どんな事によっても、自分の価値は変わらない！」

この自信をもちましょう！
その時、はじめて堂々と「ＮＯ」と言うことができるようになります。

なぜなら、仕事の成績が下がっても、周りからの評価が落ちても、食事の誘いを断った相手に嫌われても、それが、自分の価値と直接的にくっついているわけではないからです。
べつに、へっちゃら！　なのですね。

※こんなことはありません。

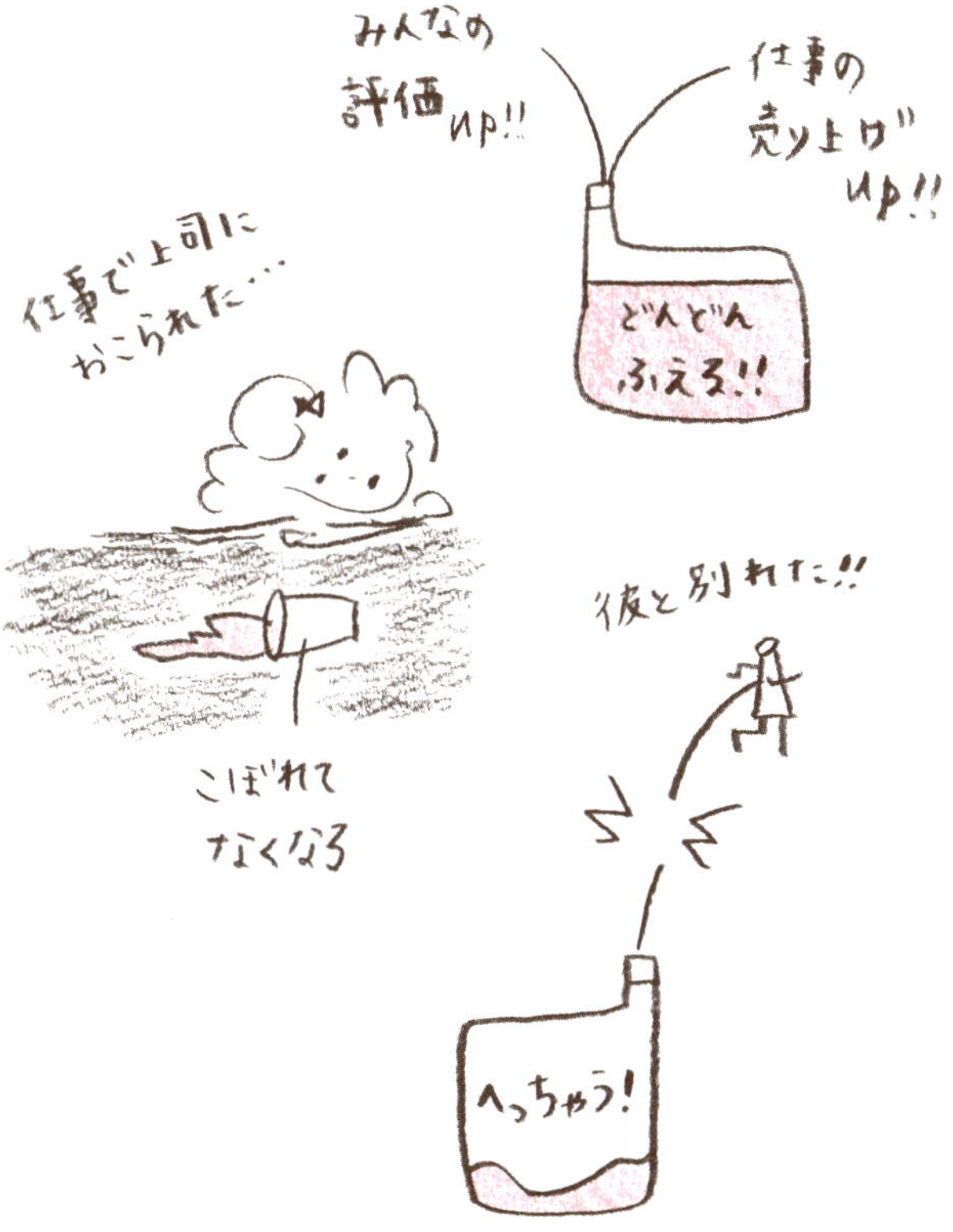

このことを理解することによって、Eさんは、自分の心に正直に、素直になって、「NO」を言うことができるようになりました。

そして、「もう、仕事を断ることや、彼氏の誘いにNOと言うことが、怖くなくなりました!」とスッキリした表情です。


具体的には、こんなことをしてみました。


「本音で言えば、やりたくない(苦しい!)と思っている仕事をやることにNOと言った」

「正直、イヤだと思っている(辛い!)コンサートの出演依頼にNOと言った」

「ほんとうは出たくない(深夜にかけてくるなんて、気分が良くない!)と感じている深夜の彼からの電話にNOと言った」

Eさんは、自分の心（本音）に正直になることができたのです。

『前回のレッスンから一か月。とっても充実していました♥
仕事、自分の時間、友人との時間、彼との時間が、今までで一番、バランスが良かった気がします♪（中略）

仕事のことも、今までは、ただ「苦しい」と思ってしまう事が多かったのですが、「苦しい」と思って仕事をしていたら、周りも苦しくなってしまうから、私の素直な気持ちが大事なんだと思えました。

なんだかとっても楽になりました！

そうしたら、ある方から、「もう使わないから」とステキなイスとテーブルをいただき、家に運び込んだら、ぴったり！でした。

彼もとても優しくなってきた感じがします。

ケーキ、アイス、ラーメン（笑）など、よくつれていってくれるようになりました。もちろん、仕事が早く終わった日には、おいしいレストランにつれていってくれます♥』（Eさんからのお手紙より）

魔法16 堂々と「NO」を言う

でも、自分の気持ちに素直になって、「NO」と言うことは、とても難しいものです。

時に、「NO」と言ったあとに、「どうしよう……」「言わない方が良かった」なんて、不安や後悔に襲われることも、しばしばです。

では、そんな時は、どうすればいいのかについて考えてみましょう。

「NO」と言うことは、それまで自分とくっついていたもの（誰か）を「切り離す」ということに他なりません。

もしも、その切り離されたものが、無意識のうちにも、「強く自分の価値とくっついてしまっていたもの」であったとするなら、「NO」と言った後、不安になったり、怖くなったりするのは、当然のことです。

なぜなら、それが（NOと言ったことで）自分から切り離されてしまったから、そのために、自分の価値が減ってしまったり、下がってしまったように感じられるのですね。

しかし、前にもお伝えしたように、自分の価値は、液体のように増えたり減ったりするものではありません。それは揺るぎない固体であり、絶対に変わらないものです。

だから、「NO」と言った後、不安になったり、怖くなった時には、

「NOと言っても、私の価値は変わらない！　だから、絶対に大丈夫！」

と自分自身に言い聞かせましょう。

そうすると、心が落ち着き、安定してくるのを感じられると思います。

それは、わたしたちが、最も深い部分で、このこと（自分の価値はNOと言っても変わらないこと）を既に知っているからなのですね。頭で考えていることと、最も深い部分で知っていることが一致する時、心は、自然と安らかに、穏やかになるのです。

だから、「NOと言った後、不安になる度に、大丈夫と言い聞かせる！」

これを心がけてみて下さい。

実際にこのようにしてみると、Ｅさんに、とても素敵な変化の数々が起こりはじめました！

まず、毎晩、泣いてしまうことがなくなりました。

心が安定し、急に不安に襲われることがなくなりました。

仕事においては、誰もが知っているような有名なミュージシャンのコンサートで演奏しませんか、という依頼の話が舞い込んできたり、ツアー公演で全国を回っても、以前程疲れて動けない、というようなことがなくなり、心から楽しんで演奏が出来るようになりました。

一番の変化は、バイオリンを教える時には黒い洋服しか着なかったのが、ピンクや水色、クリーム色などの明るい色の洋服を着るようになったことでした。

それから、ずっと付き合っていた彼氏が変わったのです！

Eさんの彼氏は、「記念日が嫌い」でした。付き合っている3年間、一度も、お誕生日をその当日に一緒に祝ってくれたことがなかったほど。そんな彼がバレンタインデーに、お寿司を買ってEさんの家まで来てくれたというのです！

さらに、お誕生日には、Eさんの仕事場まで車で迎えに来てくれました。助手席のドアを開けると、そこには、一つの可愛い包みが！　それは、彼からのサプライズのプレゼントでした。あけてみると、とっても可愛いネックレスが入っていたのです！

また、Eさんが、出張で夜遅くなった日などには、東京駅まで車で迎えに来てくれたりするようにもなりました。

最近、一番嬉しかったのは、海の見えるホテルに一泊の旅行に連れて行ってくれたこと（これも、付き合って初めて！）だとか。

ただ、自分の心に素直になって、彼に「NO」を言うようにしただけで、こんなに素敵な変化がいくつも起こってしまったのです！

魔法17 ◆ 素直な気持ちを大切にする

あなたは世界ただひとりの存在なのですから、自信をもって堂々と、自分の「正直な気持ち」「素直な気持ち」「本当の気持ち」を大切にしてもいいのです。

「無理のない範囲」で、十分に効果があります。できるかぎり、自分の心に正直になってみましょう。

最も素晴らしいことは、このようにすることが、他の誰でもなく、自分自身にたいして、「私とは、とても大切な、かけがえのない存在である（I am a Princess)」ということを、はっきりと伝え、届けていることになるということです。

これを自分自身が受けとるとき、嬉しくないはずがありません。
自分の気持ちに素直になり「NO」と言うことは、自分自身にとって、とっても心地よく響きます。

この行動が、プリンセスの種を育てていくのですね。

『最近は、誰からどう思われようと、自分の素直な気持ちを大切にしたいと思うようになりました！　今までは、他の人にいいと思ってもらえるものばかりを探していた私にとっては、とっても心地よいことです！』（会社員・20代）

魔法18 無理のない範囲で続ける

自分の心に正直になって、「NO」を言うこと。
それから、自分の素直な気持ちを大切にすること。

Eさんは、これを無理のない範囲で、半年くらい続けてみました。

そして、たまたま実家に帰った時に、おばあさまと有名なブランドのブティックに一緒に行く機会がありました。

ショーケースの中には、カラフルな色の小物がディスプレイされています。その中で、一際目を引いたのが、ピンクのマフラーでした。

「あ、これ可愛い。欲しいなあ！」

Eさんは、すぐに、そう思いました。でも、そのことをおばあさまに言うと、「そんな派手な色のものはやめなさい！」と厳しい一言。

結局、赤のバッグを買って、ブティックを出たそうです。

Eさんが小さな頃からおばあさまは厳しく、着る服の色や、持ち物の色は、

「シックな色以外には、いけません」というポリシーの持ち主だったので、今さら傷つきませんでしたが、ちょっぴりショックだったそうです。

それからマンションに戻って、数日後。

おばあさまから、一つの小包が届きました。

開けてみると、その中にはなんと、あの時欲しかった可愛いピンクのマフラーが入っていました！　おばあさまが、後日ひとりでそのブティックに行き、内緒で買ってプレゼントしてくれたのです。

「絶対に自分の意見を変えないおばあちゃんが、こんなことをしてくれるなんて。生まれて初めてのことだったので、本当にビックリしました！」とEさん。

次の回には、そのマフラーを付けてレッスンに訪れてくれました。

『前回のレッスンで教えてもらった〝魔法〟を使ってみたところ、とってもとってもたくさんの良い事が来てくれました♥

彼とパフェを食べていたら、「怒るのはいいけど、悲しむのはイヤなんだ」と言ってくれたこと。

いくつか仕事を断って不安だったけど、楽しそうな仕事が来てくれたこと。

ダイエットせずに、戻りたかった体型に戻ったこと！

書ききれないので、レッスンでお話ししますが、「いつもと同じなのに幸せ」ということが一番でしょうか……』（Eさんからのお手紙より）

プリンセスの声は、自分もまだ知らない「幸せのこたえ」を知っている

ここからは、「プリンセスの声」について、ご説明したいと思います。この声に、耳を傾けるようにすることで、プリンセスの種を日々の暮らしの中で、らくに育て続けることができるようになります。

「プリンセスの声」とは、あなたの「素直な気持ち」のことです。

まず、「素直な気持ち」とは、「本音」「本心」です。できるかぎり、あなたの本当の気持ちに耳を澄ませてみましょう。たとえば、嫌なお誘いに無理をして行かない（本音を大事にして断る）、ということは、「プリンセスの声」

を大切にしている、ということになります。

次に（ここがポイントです！）、**ほぼ例外なく「素直な気持ち」は「軽やかな感覚」の合図を伴います。**「本当の気持ちは、なんだろう？」と考えて分からなくなる時は、心に軽やかに響く感覚（左の図①～③）を頼りにしましょう。そうすることで、「プリンセスの声」を大切にすることができます。

プリンセスの声

【特徴】弱い、小さい、曖昧、ぼんやりしている、理由がない

①ふと
②なんか（なんとなく）
③ちょっと～したいかも！

ちょっと詳しく説明すると、プリンセスの声は、プリンセスの種の四大要素（※P.143参照）である「軽やか」「小さい」「弱い」「柔らかい（曖昧である、ぼんやりしている、理由がない)」のいずれかに当てはまるのが特徴です。

これにたいして「自分の声」があります。

自分の声は、プリンセスの声とは、全く反対の要素をもっています。

「大きくて」「強い」「激しい」「頑《かた》なである(ちゃんとした理由があり、はっきりしている)」のが特徴です。

自分の声(主に、頭で考えた結果のもの)

【特徴】大きい、強い、激しい、理由がある、はっきりしている

①絶対に~がいい!

②~すべき!

③どうしても~じゃなくちゃダメ!

具体的な例をあげると、

「どうしても箱根に温泉旅行に行きたい！」は、自分の声ですが、「ちょっと、シュークリームを食べてみたいかも！」は、プリンセスの声です。

「絶対に27歳までに結婚したい！」は自分の声ですが、「なんとなく30歳までに結婚したいなあ〜」は、プリンセスの声です。「午後から予定があるから、午前中にお掃除を終わらせるべき！」は自分の声ですが、「なんか、午前中にお掃除を終わらせた方がいいかも（そんな気がする）！」は、プリンセスの声です。

魔法19 ◆ プリンセスの声を無視しない

『前回は、ずっと自分の頭の声でかき消していた〝プリンセスの声〟に気づくことができました。今までプリンセスの声だと思い込んでいたものも、自分の頭で考えていた声だったことにも驚きつつ……。

とにかく〝柔らかく、軽やかな〟「なんとなく♡」をこの一か月間は意識してみました。

「なんとなく、疲れてイヤだな……」「なんとなく、気になる？」など。

根拠はないけれど、そう感じることを信じて行動しました。

以前よりも、自分の気持ちに素直になれているような気がします。

また、「そういうのも、いいかも♡」と思えるお仕事ともご縁ができました！』（会社員・20代）

わたしたちは、日々の暮らしの中で、「強くて」「大きな」また「ちゃんとした理由と根拠のある」自分の声のほうを頼りにしてしまいがちです。

なぜなら、プリンセスの声は、「小さく」「弱く」「ちゃんとした理由がない」ために、頼りにならないように感じられてしまうからです。


でも、これが、大きな〝かんちがい〟だったとしたら？

頼りにならなさそうなプリンセスの声を思いきって頼りにし、その通りに行動してみると、こんなに素敵なことが起こるのです！

『じつは、ヨガを始めたいな、と思っていたのですが、

・個人でやっているところ
・家から徒歩で通えるところ
・一対一で教えてくれるところ

と、かなり欲張りに考えていたのです。

ある日、「なんとなく、こっちの道を通ってみたい！」という軽やかな感覚（プリンセスの声）がしたので、いつもと違う道を通ってみました。その先で、全ての条件を完璧に満たすヨガ教室に出会えました。自然の力ってすごいな〜！　と思いました』（匿名希望）

このように、プリンセスの声は、自分でもまだ知らない未来のことを指し示してくれる場合があります。

それは、時に、問題やトラブルを未然に防いでくれ、あなたが困ることのないよう、最も安全で、幸せになる状況に導いてくれる、ということです。

エーデルワイスに通いはじめて一年の大学生のAさんは、

「私の場合、プリンセスの声は、ポンッという軽やかなひらめきとか、キランキランッて輝くような感じで聞こえて来るんです！」

と話してくれました。

特に、「自然の力とつながるとっておきの場所」（ベランダ）で、空を見上げている時に、それがよく来ると言います。

ここで、Aさんからのお手紙をご紹介します。

『昨日のことなのですが、お昼から論文についての打ち合わせ、そのあとすぐに資格の学校、と、やることがかなりあって、てんやわんやになりそうになっていました。

そのとき、ふと一瞬、ポンッと、「ある予定を別日に振り替えようかな（そうした方がいいかもしれない！）」とひらめきました。

それから、論文の打ち合わせにいったのですが、そこで、私が思っていたより、ずっと修正点や加筆しなければいけない点が多く、急遽、手をつけなければいけないことが判明したのです。「予定を移動しておいて正解だった！」と心底思いました。

やっぱり、プリンセスの声をキャッチするって、大事ですね！』

魔法20

焦らず、種を育て続ける

でも、最初は、プリンセスの声がよく感じとれない、それが何だか分からない、という人もたくさんいます。

でも、ちっとも、心配いりません！

その原因は、あなたの中のプリンセスの種が、まだ、土の中に埋もれている状態だから。ただそれだけです。

プリンセスの種が育つにつれて、自然と「プリンセスの声」も感じとることができるようになってきますので、まずは、この本の中で簡単にできるところ、無理なくできるところから始めてみてください。

『今まで、雑誌は買っちゃダメ、飲み物は身体にいいものを選ばないとー、今日の夜は、野菜足りてないから野菜にしよう……、と何をするにも理由をつけ、「頭の声」を優先していたなと気がつきました。まだまだプリンセスの声に従って進みきれていないですが、少しずつ、自分に問いかけていこうと思います』（経理・30代）

『レッスンを受けてしばらくすると、私の中のプリンセスの声が良く聞こえてくるようになりました。

それにそって、その日を過ごすようにしていきました。

なんとなく、お料理をしたいなぁ……

なんか、ゆっくりしたいなぁ……

なぜか、出かけたいなぁ……

今までの私は、自分の素直な気持ちや、軽やかで、ぼんやりした、小さな声（プリンセスの声）を、「それでも、ゴロゴロ寝てるのが好きだから！」って、大きく、強い声（自分の声）に従って、たくさん無視してしまっていたんだなって気付きました。（中略）

プリンセスの声をしっかり聞けるようになると、なんだか、とてもしあわせな気分になるんです♥

そして、プリンセスの声をたよりに、その通りにしていくうちに、たくさんの魔法のような出来事が訪れました！

大型のスーパーへ買い物に行くと、いつも混んでいる駐車場ですが、たまたまお店の入口のそばの駐車スペースが、ぱっと空くことが何度もありました。

❦今月も、なかなか当たらないディズニーのショーの抽選が最高の席で当たったこと。

❦デパ地下のお菓子売場で、買い物をしていて、お会計の途中で、気になった商品があり、「食べたいな」と思っていたら、「試食用で」とその商品を少しいただいたこと。

❦誕生日の日に大好きな歌手のインストアイベントに行ったら、イベント中にHappy Birthdayの歌をうたってお祝いしてもらったこと!』（営業・20代）

プリンセスの声は、「忙しさにかき消されてしまう声」「無視できる声」（無視しても問題のない声）「流れていってしまう声」です。だから、わたしたちは、日々の暮らしの中で、プリンセスの声を（無意識のうちに、悪気はなくても）「どっちでもいいや!」「後回しでいいや!」と扱ってしまうことがたくさんあります。

でも、「プリンセスの声」に耳を澄ませ、それに従ってみることで、自分が思ってもみないような幸運な瞬間、助けが来る瞬間に、日々の中でたくさん出逢うことが出来るのです！

まさに、プリンセスの声は、「幸せのこたえ」を知っているのですね。

Chapter 3

一番になろうとしない

「I am a Princess（私は、プリンセスである）」それは、
「あなたは、世界でただ一つだけの存在」であるということ。

そして、それは「誰とも比べることのできない、
かけがえのない存在」であるということです。

だから、「一番になろう！」と頑張らなくてもいいのです。
（ただ一つであるのだから、一番になる必要はありません！）

「私は、一番にならなくてもいい」ということを知る時、
プリンセスの種は、さらに、よく育つようになるのです。

魔法21

一番になることを目標としない

ここで、エーデルワイスに通い始めて二年目になるIさん（会社員・20代）のお話をしたいと思います。

初めてのレッスンで、Iさんは、このように話してくれました。

「これまで、ずっと頑張り続けてきました」

学生時代に勉強を頑張り、一番になるために戦い続けてきたIさんは、常に、周囲と競争する癖がついていて、周りが気になって仕方がないそうです。

「それから、感情のアップダウンが激しいのも悩みです」

一生けんめい頑張ること、戦って一番になろうとすることが良くないわけではありません。しかし、それが長い期間続いたり、激しくなり過ぎることには、気をつける必要があります。

なぜならこのことが、じつは、気付かないうちに、「プリンセスの種」に小さな傷をつけてしまっていることがあるからなのです。

この傷によって種が壊れたり、なくなったりしてしまう、ということはありません（プリンセスの種は、どれだけ戦っても、決してダメになることはありません）。

しかし、次のような問題が起こり始めてしまうことがあるのです。

- いくら探しても王子様（最高のパートナー）に出会えない
- 結婚しようと思っていた時期を過ぎても結婚できない
- 赤ちゃんを授《さず》かりたいのに、授かることが出来ない

- 恋愛や結婚で何度も失敗してしまう（問題が起こる）
- 結婚したのはいいけど、ちっとも幸せになれない
- 恋愛運、結婚運、家庭運、愛情運が低下する

なぜでしょう。

それをご説明するために、ここでもう一度、わたしたちの中にある「プリンセスの種」について、お話ししたいと思います。

その要素は、主に、次の四つです。

柔
やわらかさ

軽
かろやかさ

小
ちいささ

弱
よわさ

また、主に、愛情面の機能をもっています。具体的には、

「恋愛」
「結婚」
「出産」
「家庭生活」

つまり、プリンセスの種は、女性ならではの特質が集中している部分なのですね。

「恋愛」「結婚」「出産」「家庭生活」がどうしても上手く行かない、なにか問題を抱えている、という場合は、プリンセスの種が上手く機能していない、あるいは、その機能が低下している、という原因が考えられます。

プリンセスの種を目覚めさせ、育むことにより、傷が癒され、問題が自然と解消していきます！

魔法22
プリンセスの種のもつ要素を大事にする

でも、なぜ、プリンセスの種が傷ついてしまうのでしょう。

それは、わたしたちが日々の暮らしの中で、うっかり、「柔らかさ」「軽やかさ」「小ささ」「弱さ」を大事にすることを忘れてしまっているからです。

その〝うっかり〟が、最も起こりやすいのが、仕事や勉強などの、「勝つこと」が重要視される場面です。

特に、仕事では、（自分がそうしたくなくても）そうすることを強《し》いられることがほとんどです。

「柔らかさよりも固さ」「軽やかさよりも重さ」「小ささよりも大きさ」「弱さよりも強さ」が求められます。

つまり、プリンセスの種のもっている要素とは、全く反対の要素が求められ、それに応えなくてはならないのですね。

だから、仕事において「勝とう!」「一番になろう!」と気合いを入れて頑張れば頑張るほど、プリンセスの種は、あなたの気付かないところで傷つき、その機能が低下してしまうのです。

今、仕事を頑張る女性たちが「結婚できない」「出産できない」等の悩みを抱えている原因の一つが、ここにあるのかもしれません。

『前回のレッスンでは、自分では全く気付かなかった〝本当の私〟に気付くことができ、そんな自分を認め受け入れることができました。

強く、強く、誰にも頼らずに生きてゆかなければならない、強い自分、かっこいい自分が良い、とずっと思っていました。

しかし、本当の自分は、かよわくて小さかったのだ……!!

と心の底から思うことができ、驚きと共に、本当の自分に気付け、認められたことで、肩の荷がおりたような安心感が生まれました。

今までだったら、絶対、無視していたような自分の中のプリンセスの声にも寄り添い、叶えてあげられる余裕が、できてきています。

そして、嬉しいことに、前よりもさらに自然の力を感じられるようになりました!!

新しいリップが欲しいなあと思っていたら、仕事先でリップと食べたかったチョコをいただけたり、お腹が空いたなあと思っていたら、マフィンの差し入れがきたり♡

あとは、行く先々で、お店のスタッフさんに良くしてもらえたり、〝おまけ〟をたくさんもらえたりと……たくさんの魔法のようなことが起こって、とてもびっくり、嬉しいです!!

「これが自然の力だ!!」とはっきりと初めて感じることができています』

（大学生・20代）

魔法23 人からの評価を頼りにしない

わたしたちがどうしても、「一番になろうとしてしまう」「必死になって頑張るのをやめられない」のは、無意識のうちに、「自分の価値」と「仕事や勉強の成果」をくっつけているからなのかもしれません。

しかし、先ほどもお伝えしたように、自分の価値は、外側のどんな人、物、出来事とも「くっつけることができないもの」です。

それは、「仕事や勉強の成果」においても同じです。

つまり、「自分の価値が仕事や勉強の成果次第で、上がったり、下がったりする」ということは、絶対にないのです。たとえ、仕事でナンバーワンになって、みんなから認められたとしても、あなたの価値がナンバーワンになるわけではありません。

『レッスンを受けはじめてから、心穏やかな毎日が過ごせていることに感謝の思いでいっぱいです。

お仕事もとってもスムーズで早く帰宅できる日が増えました。周りにも自然と早く帰る人が増え、帰りにくいと思うこともなくなり、自分の時間がゆったり取れるようになりました。

プライベートでも周りの方から更に大事にされるようになりました。愛情をたくさん感じ、とても幸せです。

思い通りだなあ
うれしいなあ
幸せだなあ

自然の力に感謝し、物事の進展をおまかせし、信じたいと思います』（美術館勤務・30代）

魔法24 仕事は、7割にする

このことを知って、Iさんは勉強で結果を出すために、必死で頑張り続けることをやめることができるようになりました。なぜなら、「勉強でどんなに結果を出したって、自分の価値は変わらない」ということを理解したからです。

学生の時ならまだしも、社会人として仕事をしている以上、頑張ることをやめてしまうことはできない、と思われるかもしれません。

「ちょっとセーブする」
「控えめにする」
「やりすぎないようにする」
「ほどほどにがんばる」
「がんばりすぎないようにしてみる」
「今までの7割くらいの力にしてみる」

という気持ちで、仕事に向き合ってみるだけで十分です！

そうすると、「私は、世界でただ一つの存在である」「誰にも勝《まさ》る必要のな

い、最高の存在である」ということが、その行動によって、自分自身に伝わります。

その時、プリンセスの種の傷は、魔法のように癒されるのです！

『前回のレッスンの時に、自分の本当の価値に基づいて（その価値は変動しないことを理解して）、日々を暮らすこと。そして、頑張りすぎてしまう私に「仕事を7割で」という課題が出ました。

忙しくできない時もありましたが、自分の価値を信じて、なるべく無理をしないように「7割」を守れるよう過ごしてきました。

すると、どういう理由か、職場のまわりの方達が、以前より優しく、協力的になってきたりと、少しずつですが、変化が起き始めました』（不動産会社勤務・20代）

魔法25 たくさん寝る

今までちょっと頑張りすぎてきたなあ、戦いすぎてきて疲れたなあ、と思うときは、「贅沢にマッサージを受けにいく」「休暇をとって旅行に出掛けてみる」というのもいい方法です。

でも、「そんなことまで出来ない……!」という方におすすめなのは、「たくさん寝る」という方法です。

- 平日の睡眠時間を、いつもより多めにとること
- 休みの日は、ずっと、ごろごろ寝続けること

この二点をしばらく心がけただけで、それまでの心身の不調が吹き飛んで

しまったという方もいます！


『前回のレッスン以降、「今まで頑張ってきた分、自分をいっぱい休ませる！」ということを認めてあげてから、本当に毎日のようにたくさん寝ています。

また、仕事面でもなるべく早く帰れる&極端な連勤をしないようなシフトに変えています。そんなある日、ふと、

「夜遅くまでバリバリ働けないのは、ダメな事ではなく、女性として幸せな生活を送る準備ができたということ！」

と思えた事は、とても大きな気付きでした！』（医療関係・30代）

魔法26 ハンドクリームを置いておく

それから、いい香りのする「一本のハンドクリーム」を職場においてみるだけで、こんなふうに変わった方もいます！

『職場にハンドクリームを置き、朝出勤した時や、緊張した時などに塗って、香りに癒されています。

あとは、レッスンを受けるまで、「頑張らなきゃ」「仕事ができる自分で居なきゃ」と力が入りすぎていた考えを改め、「できなくても良い」「少しくらい失敗する自分の方が周りも親しみやすい」という考えに変えました。

なんだか本当に、楽になって、お仕事が楽しくなってきました♥

周りの先輩方を見ていても、力が入りすぎていない方を見ると素敵だな、と思います。こうして日々、ゆるく♥ふんわりと生きていたら、とっても良いことが起こり始めました。

学生時代からの大好きな友人たちと頻繁に会えるようになって楽しい時間を過ごせたり、ずっと行きたいと思っていたライブに行けることになったり、久しぶりにデート（？）に誘われたり……♥

なんだか幸せな優しい風が吹いてきたような気がします！』（弁護士事務所勤務・20代）

魔法27 ◆ 可愛いマグカップを購入する

職場のデスクの上に〝可愛いマグカップをひとつ〟

これだけでも、確かな効果が感じられるはずです！

『最近は、急に仕事の業務量が増え、日々大変だなと感じることが多かったです。

やっぱり、女性らしさを大切にして働きたいと思いました。

バリバリ働くのではなく、和やかに働こう、と心に誓いました。

どうやって仕事を快適にするかを考え、少しずつ工夫をして、心の平穏をキープできるようにしています。可愛いマグカップでお茶を飲むこと、が私には合っていたようです。

また、人に笑顔で接し、光を与える存在になりたいと思いました。自分が少しずつ変わり始めています！』（20代・会社員）

このような仕事にたいする〝ほんの小さな行動〟〝ささやかな工夫〟が、プリンセスの種の傷を癒し、それを育て続けていくのです。

魔法28 プリンセスの声を大事にする

また、前にお伝えした「プリンセスの声」を大事にすることでも、プリンセスの種についてしまった傷を癒し、みるみるうちに、その機能を回復させることができます！

特に、「ちょっと〜したいかも！」という〃軽やかな〃プリンセスの声を無視せず、こまめに聞いてあげることが効果的です。

たとえば、「ちょっと、シュークリーム食べてみたいかも！」とか、「ちょっと、お昼寝でもしたいかも！」とか「ちょっと、映画を観に行きたいかも！」とか。（うんと、ではなく、ちょっと、がポイントです！）

プリンセスの種の傷を癒すために、大きなこと、派手なことは必要ありません。たとえば、「ずっと行きたかったディズニーランドに行ってこよう！」とか、「めちゃくちゃ欲しかった3万円もするネックレスを買ってあげよう！」なんてことはしなくてもいいのです。

日々の中で簡単にできる、小さなことを、できるだけこまめにやり続けること。それが、プリンセスの傷を癒すコツです。

『自分の中のプリンセスの種を意識し、「傷を癒す」「お花を育てる」ということに集中すると、意識が常に今にいるようになるみたいで、いつも、「今を楽しむ♪」ことができるようになりました!!

これが、とても嬉しい変化です!!

そして、わたしが幸せの道を歩くために必要なものは、すべて、自然の力が与えてくれるだろうな、という、自然の力への信頼も生まれてきました♥

ひき続き、大切にお花を育てて、自分の力は抜いて、自然の力に委《ゆだ》ねられるようになりたいなぁと思っています♥』(芸能関係・Hさん)

この効果は、誰でも、すぐに、日々の生活の中で実感することができると思います。ぜひ、試してみてください!

魔法29 感情のアップダウンを解消する

それから、すこしずつ、Iさんのプリンセスの種の傷が癒えはじめ、長年の悩みであった「人の目が気になること」「感情のアップダウンが激しいこと」が解消されはじめました。

『友人の結婚式に参列することになり、新しいドレスを着たいな、と思ったのですが、気づかないうちに探していたのは「みんなから素敵だと思われるドレス」でした。

「そんなことしなくても、私には価値がある♥」

と言い聞かせたら、今まで、何を買っても不安で、どこにいても悲しみが顔を出していたのは、人からの評価を求めていたからだということに気づきました。

「人に素敵と言われること」を目的とするのではなく、自分が心から幸せと思える日々を歩みたいな♥と思います』（Iさんからのお手紙より）

ここで、多くの人が悩んでいる「感情のアップダウン」についてお話しします。

じつは、この原因も、「気付かないうちに、自分の価値とそれ以外のもの（仕事の成績、達成、獲得、人からの評価、好意、承認など）をくっつけてしまっていること」であることが多いのです。

仕事で目標を達成する⬇自分の価値がアップ⬇感情がアップ！
人からの評価が上がる⬇自分の価値がアップ⬇感情がアップ！

人からの評価が下がる⬇自分の価値がダウン⬇感情がダウン
仕事で失敗やミスをする⬇自分の価値がダウン⬇感情がダウン

右の図のように、感情のアップダウンは、自分の価値のアップダウンと密接に関わっていることがほとんどです。

だから感情のアップダウンは、多くの場合**「自分の価値が変わらないものであり、どんなものともくっつけることができない」**ということを知り、それを何度も自分に言い聞かせてみると、不思議と解消されてしまいます。

安定した、穏やかな心の状態は、「わたしたちがすでに、深い部分で知っていることを知ること」で実現されるのですね。

『前回のレッスンでは、「仕事」と自分の価値を結びつけて考えているクセに気付き、もう一度、自分自身を見直してみました。

仕事中は、「自分の価値と仕事とは関係ない」と何度も心で唱えました。

そして、先輩に相談をしました。すると、周りの先輩たちが動いてくれて、フォローをしてくれる様になりました。〝できないです！〟〝助けて下さい！〟ということの大切さを知った出来事でした』（会社員・30代）

また、このように周囲に助けや協力を求めることは、決して「能力が低い自分、劣っている自分をさらけ出す」ということではありません。それは、自分の価値とは、仕事ができるとかできないに関係のないものである、ということを知っているからこそできることでもあります。

これは、がむしゃらに一人で頑張ることよりもレベルの高いことであるだけではなく、**「揺るぎない価値のある自分＝プリンセス」として自信をもって存在する、という最もレベルの高い挑戦**なのです。

この行動によって、プリンセスの種がぐんぐん育ちます！

魔法30 周りの人を頼る

『レッスンを始める前の私は、仕事が人生のほとんどでした。〝お仕事がむしゃらがんばり女子〟で、心身ともにすり減り疲れきって、将来に希望がもてずにいたのです。

でも、レッスンで学んだ事を生かしてみたら、今までの仕事の中で一番、大変な大きな会議をするりと終えることができました!!

会議を通して〝頼ること〟ができるようになりました。

〝頼ること〟は、相手を信頼すること。

〝頼ること〟は、弱い自分を認めること。


特に私は、認められたい欲求がとっても強かったので、〝頼ること〟は、一見簡単なように思えて、私にはなかなかできないことでした。


いつも認められたくて、一人で抱え込んで、一人で苦しくなっていたなぁ、と今思えばわかります。今回は、そのようにはせずに、

〝なにもできなくても、それでいい。

なぜなら、私には「揺るぎない価値」「変わらない価値」があるのだから、むしろ、それ（何もできないこと）がいい！〟

と、ちっぽけな私を受け入れ、何度も自分に言い聞かせることで周りの人に素直に頼ることができました。

このことは、私にはとってもとっても勇気がいることでした。

でも、素直に頼ると周りの方は、いやな顔一つせず、むしろ、喜んで手を貸してくれて、あっという間に会議の準備が終わってしまいました。

これは、私にとって新たな発見でした』（公務員・20代）

さあ、勇気を出して。**あなたは、プリンセス（揺るぎない価値をもつ存在）なのだから**。自分一人でたくさんの仕事を抱え込むのではなく、周りを頼りにし、助けを借りてみましょう！

「私の価値は、仕事とは一切関係ない。
だから、思いきって、上司に相談してみる！」
「私の価値は、人からの評価とは関係ない。
だから、勇気を出して、周囲の人に助けてもらう！」

「I am a Princess（私は、プリンセスである）」とは、このようにして、仕事を含めた（恋愛、子育てなど）人生のどのような場面においても、「自分に授けられた揺るぎない価値を信じる」ということです。それは、**「どのようなことをしても、決して（価値が）下がったり、減ったり、まして、ダメになったりしない自分を信じる」**ということでもあるのです。

答えは、あなたの内側が、すでに知っているのです。

『前回のレッスンでは、「そのままの私で良い」ということを確認できました。何か特別なことを頑張らなくても、「I am a Princesss」＝私はプリンセスなんだ！　と胸を脹れるようになりました。

また、仕事において、目標を立てないようにしてみました（どれだけ達成したかで自分の価値を判断してしまう事を防ぐため）。何か目標を達成することに自分の価値を見いだすのではなく、すでに価値のある自分がやりたいことを実行するようにしました。

今、私は、安定した幸せの中に生きているという実感があります。これまで経験したものより、もっと深い幸せです』（会社員・30代）

魔法31 周りに流されない

それからしばらくして、Ｉさんの夢が叶えられました！

学生時代からずっと努力を続けてきた成果が実り、憧れの会社で働けることが決まったのです。「一生けんめい頑張ってきたことが報われて、本当に嬉しい！」と顔を輝かせて話してくれました。

現在もエーデルワイスに通い続けているＩさんは、残業が多く、日々、くたくたに疲れ切ってしまうことが悩みだと言います。

「頑張りすぎないようにしているけれど、周りが戦いモードだから、つい、勝ちたくなってしまいます。成績表になって順位が、常に張り出され、誰が一番かすぐにわかってしまうんです」

そんな時は、すべての女性に生まれながらにして与えられている「お花のような存在感」を思い出してみるのが効果的かもしれません。

冒頭で、「プリンセスの種を育てると、やがて、お花が咲く」ということをお伝えしましたが、女性はみんな「お花のような存在」です。

その特性は、「柔らかさ」「軽やかさ」「小ささ」「弱さ」にあります。これは、女性だけがもっている良さ（特質）です。

わたしたちの中に眠る種がこのような特質をもっているために、「一人の女性がそこにいる＝一輪の花がそこに咲いている」と考えることができるのです。

一輪の花がそこに咲いている、このことは、ただそれだけで、人の心を明るくするものです。「ないよりも、ある方がずっと良い」「ここにあるだけで、十分に素晴らしい」たくさんの人々の心にそのような感覚を響かせる「お花のような存在感」を備えているのが、〝あなた〟なのです。

『今までは、同僚ががんばっているのなら、私も同じ様にがんばらないといけない、と思ってしまっていましたが、もっと女性らしさを大切にしたいと思い、意識をかえました。

仕事でも、結果を残すことよりも、関わる人に良い気持ちになってもらえるよう心がけたところ、私の心もおだやかになり、やさしい言葉をかけていただいたり、気にかけていただいたり、おさそいを受けることが増えました♥

そうすると心が安らかになり、会社でもより一層女性らしく、幸せな気持でいられることに気付いたのです！』（Iさんのお手紙より）

男性と比べるわけではありませんが、男性は〝お花のよう〟ではありません。むしろ、それとは反対の存在感をもっています。

誰もが、自分に生まれつき備わっているものには気が付き難いものなのかもしれません。そして、それが、どれほど素晴らしいものなのか、ということにも。

魔法32

「お花のような存在感」を知る

フランスの小説家、詩人、政治家、劇作家であったビクトル・ユーゴーの言葉に、このようなものがあります。

「There is, in this world, no function more important than that of being charming.（中略）To shed joy around, to radiate happiness, to cast light upon dark days, to be the golden thread of our destiny, and the very spirit of grace and harmony, is not this to render a service?」

これは私のつたない意訳になりますが、

「周囲に喜びを与え、幸福に輝き、暗い日々に光りを投げかけるように魅力的であること以上に大切な働き（役割）は、この世の中にない。優雅で調和した精神であることは、どのような仕事（奉仕）にも代え難いものではなかろうか？」

この文章をある本の中で目にした時、ふと、一輪の小さなお花が道ばたに咲いているイメージが浮かびました。

誰もが忙しく、仕事に追われる日々の中で、
足早にお花の側を通り過ぎていきます。

でもある日、仕事に疲れた人が、ふと、立ち止まり
そこに目をやると、一輪のお花が咲いていて、元気になる。

こんな「お花」って、そこにいるだけで、
とてもいいことをしているのかもしれません。

ただ、そこに咲いているだけなのに、人の心を和らげたり、
時に、癒したり、小さな力を与えたり、勇気づけたりすらできる。

それって、とっても素敵なことなのかもしれません。

『この一か月は、自分が〝お花〟のような存在である、ということを意識して過ごしました。そうすると、自分のことを支えてくれる周りの人たちへの感謝が、自然と芽生えてきて、「皆にもっと頼ってもいいよ♥」と、今までずっと強く生きてきた自分に伝えることができました♥
自分の中のプリンセスが持っているお花のような繊細で愛すべき、愛されるべき〝私〟を大切にしていきたいです♥』（匿名希望）

魔法33

「柔」「軽」「小」「弱」な自分を大切にする

一輪のお花からは、自然と、いい香りがあふれ出します。

「女性である（女性として生まれた）」ということは、ただそのようであるだけで、一輪のお花が道ばたに咲き続けていくように、たとえ、直接的ではなくとも、周囲を和らげ、時に、癒し、それが、ひいては全体の幸福の基盤につながり、社会の繁栄や調和に貢献してゆく、というようなことも考えられるのかもしれません。

このように考えると、「女性である（柔・軽・小・弱）」ということを大切にすることは、個人だけではなく全体にとって、やはり、必要なことなのです。

「柔らかい」＝傷つきやすくてもいい！
「軽い」＝貫き通せなくてもいい！
「小さい」＝力が足りなくていい！
「弱い」＝負けてしまってもいい！

これらを日々の暮らしの中で意識し、思い出すようにしてみましょう。そして、その度に、あなたという一輪のお花から溢れ出すいい香りが、周りの人の心を和らげていくことを、想像してみましょう。

魔法34
自分がもうすでに知っていることを知る

とはいえ、「そんな甘いこと、言ってられない！」「女性だって、戦わなくちゃ！」「何かを勝ちとることで、自分の価値を上げなくちゃ！」そんな時代なのかもしれません。
しかし、あなたの中には、戦って、何かを勝ちとることで価値を上げ下げできる「貯水タンク」はありません。

そこには、じつは、「プリンセスの種」があり、一輪のお花が咲いています。
これを自然の力は、揺るぎないあなたの「最高の価値」としました。

最高の価値、とは、全ての中で一番高い価値、ということです。

何かを勝ちとることで高められる（そんな気がする）価値の中で、一番高いところにある価値、それが、「プリンセスの種」のもっている価値なのですね！

『女性はお花のような存在価値を授かっている、ということを聞いた時、それは、私の今までの人生の中で、一番安堵した瞬間でした。

レッスンから二か月間、沢山の仕事に追われ、気持ちに余裕が持てなかったり、私は何をやっているんだろう、と思うことも何度もありました。

ただ、何となくですが、以前に比べて何事においても、あまり〝力を入れる〟ということが少なくなってきている気がしています。

そのためか、人間関係もやわらかくなってきている様に思います。

きっとそれは、「心の奥から安心する」という体験ができたからかな、と思っております』(ホテル勤務・30代)

このことをレッスンでお伝えする度に、どういうわけか、泣き出してしまう女性がたくさんいます。そして、口を揃え「心から安心しました」「ホッとしました」と穏やかな表情を見せるのです。

本当に大切なことは、わたしたちの最も深い部分が既に知っています。

だけど、それは日々の暮らしの中で、色々なものにかき消されてしまうことがあるのかもしれません。「それを誰かの言葉を通して理解することにより、再確認する」「もう知っていることだから、ストンと落ちて、安心できる」レッスンとは、このくりかえしのような気がします。

あなたの心の奥深い部分は、生まれた時からずっと、「私には最高の価値がある。そして、それはどんな時も変わらない」ということを知っているのです。

「私には、〝一輪のお花のような存在感〟がある。
それなら、そこまで頑張らなくたっていい。
一番になることにこだわる必要はない！」

このように思ったIさんは、それからというもの残業をあまりせず、みんなより早く帰ることができるようになりました。
与えられた仕事の量が多すぎる時は、「ごめんなさい。私には、それはできません」と言うこともできるようになりました。

成績表が張り出され、順位で自分にランク付けがされてしまっても、「それは、私の価値とは関係ない」と言い聞かせ、生まれつき授かっている〝お花のような存在感〟を思い出すようにしました。

『レッスンを受ける前は、いつか「もう頑張らなくてもいいよ」と言ってくれる〝誰か〟があらわれる、とずっとそう思っていました。「だから、それまでは足を止めてはいけない!」そんな風に自分に言い聞かせてきました。

レッスンに通って半年以上経ち、こりかたまった考え方が雪解けの季節を迎えていることを感じます♪

〝誰か〟が言ってくれると信じていた「もう頑張らなくていい」。

今、自分自身に対しても言える言葉です。

心から、自分に対して「そのままでいいんだよ」と言えることが、幸せへの第一歩だなあと思います』（Iさんのお手紙より）

魔法35 自分に与えられた最高の価値を知る

前にもお伝えしたように、**わたしたちの最高の価値は、「プリンセスの種」にあります。**これは、戦って、何かを勝ちとることで得られる（得られたような気がする）価値より、ずっと高いところにあるものです。

戦いすぎないようにすることは、ライバルと戦ったり、競ったりして出る成績や順位、それをはるかに超える価値を自分が生まれつき授かっていた！ということを知る時に、初めて、自分にゆるせることなのかもしれません。

でも、それって、なんか負けたような気がする。
それとも、人生を諦め、妥協しろってこと？

そんな風に感じられるかもしれません。

プリンセスの種を傷つけることを気にせずに戦えば、多くの勲章やトロフィーを勝ちとることはできても、種を通じた自然の力の循環は弱まり、愛情、結婚、出産などに問題を抱えざるを得なくなってしまうかもしれません。これでは、たとえ戦いに勝ったとしても、とても幸せとはいえません。

一方、プリンセスの種を大事にしながら戦う（頑張りすぎない、一番に固執しない）ことにより、種を通じた自然の力の循環が強まり、愛情、結婚、出産などにおいて問題を抱えることが少なくなります。さらに、仕事の面においても、おまけのように嬉しい変化がついてきます。

『勤めた10年間の中で、一番の評価をいただきました！』（官公庁勤務・30代）
『お給料が上がり、今までで一番の成績を出すことが出来ました！』（秘書・20代）

など、結果として、「仕事で頑張り過ぎるのをやめたら、良い結果が出せた！」「仕事で一番になろうとするのをやめたら、かえって、周りからの評価や給与が上がった！」ということがほとんどで、幸せな状態に導かれます。

このように、プリンセスの種を大事にしながら戦うことは、仕事だけではなく、愛情も、結婚も、出産も……、とすべてを満遍なく叶えるための、まさに〝魔法〟なのですね！

『無理してもがんばって成果を出そうとするのではなく、7割で、ゆとりをもつようにしました。なのに、ちゃんと仕事はうまくいき、ずっと何故か効率もよくなって数多くの仕事をこなせるようになりました！

今年度末は、めったにない忙しさだったようですが、どのプロジェクトも滞《とどこお》りなく、うまく行きました！　今年度までの予定だった今の仕事も、来年度の継続が決まりました。講師の仕事も今年度初めてでしたが、学生さんからの評価、ほぼ〝二重丸〟でした！　こちらも、来年度も継続できるようになりました。

さらに昨日！　もう一校から講師の依頼がいただけ、びっくりしています』

（大学講師・40代）

魔法36　プリンセスの種は、愛情運を握る

わたしたちの中のプリンセスの種は、恋愛、愛情、結婚、家庭、出産という愛情面の機能を司っています。

プリンセスの種を傷つけたり、損なってしまえば、愛情面において満ち足

りるという経験から遠ざかってしまいかねません。

なぜなら、「プリンセスの種」と「自然の力」はつながっているからです。

その種を傷つけてしまえば、循環が衰え、自然の力の巡りが鈍くなってしまうのです。

魔法37 プリンセスの種の傷を癒す

しかし、プリンセスの種についている傷は、どれもが、「決して、傷つけようと思ってつけたわけではない傷」です。

自分でも気付かないうちに無我夢中で頑張ってきたこと、知らず知らずのうちに一生懸命戦い続けてきたことによって、〝やむをえず〟、あるいは、〝仕方なく〟ついてしまったものです。

「傷が多ければ多いほど、プリンセスの種はよく育つ」
「傷が深ければ深いほど、プリンセスの種はよく育つ」

という言葉をレッスンでは、よくお伝えしています。多くの女性たちの変化を見ていると「傷は肥やしに変えていくことができる」のです。

では、どうすれば、肥やしに変えることができるのでしょう？

それは、これまで戦い続けて来た自分のことを「立派だ！　偉かった！　よく頑張った！」と認めてあげることなのです。

戦い続けて来たことを悔やんだり、過去に戻ってやり直したい、なんて思う必要はありません。なぜなら、〝やむをえず〟〝仕方なく〟ついてしまった傷は、必ず肥料となり、そのぶんだけ、美しく、大きな花が咲くからです。

ただ、ついてしまった傷があることを理解し、それを癒すことにより、愛情面（主に、出逢い、恋愛、結婚、出産）において、あなたが心から必要としているものが、自然の力の循環が回復することによって、自然と運ばれて来るようになるのです！

『ひきつづき、穏やかにすごせる日が増えています。

何気ない毎日に、幸せを感じられ、本やブログで紹介されていたとってもステキなことが私の身にも起こりはじめました。

話したいな、と思っていた人に話しかけてもらえ、とっても可愛い贈りものまでいただいたり。思わぬ人から、心あたたまるお言葉をいただけたり♥

私が求めるものは、がむしゃらに「それが欲しいの!!」と走らなくてもいいんだなぁと気付けました。
自分の力がぬけた状態であれば、自然の力が、ふさわしいものを与えてくれるのですね♥』(Iさんからのお手紙より)

魔法38 プリンセスのステージへ進む

小さな頃に絵本や映画の中で観た場面から、「プリンセス」は、ゆったりと、ふかふかなソファに座り、優雅にお茶を飲んでいるイメージ。

この反対が、「兵隊さん」。戦いに駆り出され、すべてを投げ捨てて、傷ついても、傷ついても戦い続けるイメージです。

「兵隊さんのステージ」を卒業して、「プリンセスのステージ」に上がること。
それは、小学校を卒業した後に、中学校へ進学するのと同じことです。

中学校に進む時に、小学校で学んだことを後悔する必要がないように、プリンセスのステージに上がる時に、兵隊さんのステージで学んだ（戦った）ことを後悔する必要はありません。むしろ、それを大切に思うこと、よく頑張ったと認めることで、次のステージに上がることができるのです。

誰もが戦い続け、それを卒業し、次のステージに進みます。
「兵隊さん」から「プリンセス」へ、それが、順序通りなのです。

『エーデルワイス』に出会って、私の人生は本当に素敵なものになりました。
私自身が特別な存在（プリンセス）であっていいのだと、少しずつ考え方が柔らかくなっていき、たくさんの夢を叶える事ができました！
仕事にしてもがんばって兵隊のように働かなくても良いのだと考えることができたら、ストレスがなくなり他の人のことが気にならなくなりました。

本当に、毎日が楽になりました。

今まで競うような仕事の仕方をしてたんだなぁ、と客観的に捉える事ができました。ＳＮＳ等で周りを見るとみんなもっとガツガツしていて、「そうしなければいけないんだ！」と思いこんでいたんです。

その結果、不思議と、やってみたいなと思う仕事が次々に、また入ってくるようになりました。それと、こうなったら便利なのに、という施設が近所にできたり（！）、必要な物が自然と手に入ったり、しやすくなったように思います』（会社経営・30代）

魔法39 一生懸命やりすぎないようにする

プリンセスの種の傷を癒すこと、それは、兵隊さんを卒業することです。

兵隊さんのように、競うこと、戦うこと、勝ちとることをあまり、一生懸命やりすぎないということです。

もちろんこれは、仕事をやめる、ということではありません。仕事を「ほどほどに」「頑張りすぎずに」「7割で」することにより、結果として、まず、愛情面が、そして、次に仕事の面が潤います。

なぜなら、プリンセスの種は、自然の力の通過点だからです。

「自然の力」は、女性であるわたしたちの夢や願いを満遍なく叶え、隅々まで満たすように働くものです。プリンセスの種の傷を癒すことは、仕事を諦めることではなく、「仕事だけではなく、恋愛や結婚、出産も満遍なく叶える！」という結果をもたらします。

また、そのために兵隊さんを卒業する、ということは、言い方を変えれば、「プリンセスのステージに進む」ということでもあります。それは、誰もが経験する〝ステップアップ〟であり、現代を生きるわたしたちの成長の順序に従ったことなのです。

自然の力の色の魔法で　らくらく、種を育てる！

ここからは、「自然の力の色の魔法」について、ご説明します。

これは、忙しい日々の中でも〝らくらく〟種を育てることのできる魔法です！

この魔法で日々の中に（持ち物や服装、インテリア等に）自然の力の色を取り入れてみるだけで、それ以外に特別なことをしなくても、自分の中に「自然の力」がどんどん流れ込んできます。そして、プリンセスの種が、ぐんぐん育ち始め、素敵なことがたくさん運ばれてくるようになります。

まずは、「自然の力の色」をご紹介しましょう！

自然の力の色

空の色	水色
雲の色	白
木の色	緑
土の色	茶
光の色	黄
石の色	グレー
風の色	透明（レース）
海の色	青
夜空の色	紺
星の色	金
夕日の色	橙
花や果物の色	いろいろ

魔法40 小さな観葉植物を2、3個おく

まずは、お部屋の中に取り入れてみる方法をご紹介します。
Mさん（会社員・30代）がしたことは、たった2つのことでした。

- 風の色（レース）の布を買って、戸棚に目隠しをつける
- 木の色を取り入れ、小さな観葉植物を2～3個おいてみる

※観葉植物を選ぶときは、葉っぱの色に注目しましょう。
より軽い感じのする緑色（黄緑色）のものがベストです！

この後のレッスン（約一か月後）にMさんをお迎えした時、私は、一瞬、誰か分かりませんでした。Mさんが、別人のように、美しく、素敵になって

いたからです。変わったのは、なによりも、彼女からかもしだされる「雰囲気」や「空気感」でした。

「プリンセスの種」は、自然の力とつながる、あなたの中の循環の起点であり、通過点です。

プリンセスの種が育てば育つほど、あなたを通じた好ましい循環が起こるようになります。

それは、「運」「気の巡り」を高め、あなたから好ましい「雰囲気」「空気感」となって溢れ出すものなのです。

Mさんは、「周りのみんなから、本当にきれいになったね！」と次々言われるようになりました、ととても嬉しそうに話してくれました。

そして、転職も決まり、「ずっと迷っていた恋愛面での決着がつき、素晴らしい男性から、結婚してほしい、とアプローチされています」とのこと！

ただ、これだけをしてみただけで、こんなに効果があるなんて、信じられないでしょうか。

お部屋とは、いつも、長い時間、何気なく、ぼーっと居る場所です。その場所が、自分に最も大きな影響を目には見えない部分で与えているのかもしれません。

魔法41 ベッドカバーやカーテンを変える

人は、環境によってつくられるものです。

自分が置かれている場所（環境）にある要素を無意識のうちに汲み上げてしまうために、「長い時間いる場所」とか、「いつもずっといる場所」が、知らず知らずのうちに、あなたに大きな影響を与えてしまうのですね。

いつも何気なくいる「お部屋」に変化を与えてみることは、たとえ小さな変化2つ、3つであっても、大きな影響を自分に与え、現実の中に大きな変化をもたらすことになるのです。

さあ、自然の力の色を、あなたの部屋の中にできるだけ多く取り入れてみましょう。

ベッドカバー、カーテン、ソファーのカバーなどを変えてみるのもいいかもしれません。マグカップ、お皿、ランチョンマットなどを買い足してみるのも良いかもしれません。

一度やってしまえば、あとは、何もしなくていいので、楽ちんです！

魔法42 クッションを増やす

さらに効果的なのは、ここにプリンセスの種のもつ四大要素（※Ｐ．１４３参照）の一つである「柔らかさ」をプラスしてみることです。

お部屋の中に「柔らかいもの」（できれば、自然の力の色のもの）を増やしてみたり、すでにあるものを取り替えてみましょう。

具体的には、クッション、枕、毛布、スリッパ、タオルなど。

それらを、もっとふんわりとした手触りの、柔らかいものにかえてみましょう！

『するとだんだんと日々が愛おしく、とっても幸せを感じられるようになり

ました。小さな素敵な奇跡がいくつか起こりました♥』（会社員・20代）

このように、「自然の力の色」と「プリンセスの種の要素」を取り入れた部屋の中で暮らしていれば、忙しくて何もできない時も、「自然の力がプリンセスの種を育ててくれている」という状態になります。

そうすると、プリンセスの種を起点とした循環がはじまり、日々の暮らしの中で、あなたに必要な物（人）が偶然、運ばれてくる、ということが起こりはじめるのです！

『レッスンを受けてから、お部屋が前よりもすっきりとし、お気に入りのパジャマ、スリッパで過ごす毎日は、想像していたよりも私の心を満たしてくれ、穏やかな気持ちになりました。

それから数日後に試験があったのですが、落ちついて受けることができ、合格をいただきました。今年の目標の一つだったものが、すぐに叶ってしまい、びっくり&嬉しいです。これからも自分の中のプリンセスの種を育て、幸せに向かって歩んで行きたいです!』(20代・会社員)

魔法 43

ファッションに「自然の力の色」を取り入れる

お部屋の中だけではなく、着るものや身につけるものにも「自然の力の色」を取り入れることで、プリンセスの種がよりよく育つようになります。

やりかたは、とっても簡単です。

朝、クローゼットを開けて、洋服を選ぶ時に「この黄色のスカートにしよう!」ではなく、「この〝光の色(※P.192の図参照)〟のスカートにしよう!」と思って選んでみるだけでいいのです!

洋服を新しく買い足す必要はありません。今、クローゼットの中にあるもので十分です。ただそれらを、自然の力の色に置き換えて考えてみるだけでいいのです。

たとえば、紺のセーターは、夜空の色のセーター。緑のカーディガンは、木の色のカーディガンなど。

そして、それを着ることで「自然の力」が自分の中にたくさん流れ込んでくるようなイメージをしてみましょう。

小さないいことやラッキーなことが運ばれてくるだけではなく、困った時には助けられたり、トラブルから身を守ってくれたりする〝お守り〟のような効果も感じられると思います。

もうひとつ、魔法の効果を高めるポイントをお伝えします。

それは、「自然の力の色」であり、なおかつ、プリンセスの種のもつ四大要素（※P．143参照）のうちの一つである「軽やかさ」を兼ね備えた色を選んでみるということです。

たとえば、

「海の色（青）の中でも、軽やかな感じのする青」
「木の色（緑）の中でも、軽やかな感じのする緑」

のように。

お部屋の中にある物に比べて、着るものや身につけるものは、より、自分自身の近くにあります。だから、プリンセスの種のもつ要素を加えてみることにより、より効果が得られます！

『レッスンを受けて1か月、素敵な出来事ばかりで日常が溢れ、魔法にかかったみたいと思うことの連続です！

主人はますます優しくなり、主人との関係だけではなく、私の周りに起こることも良いことばかりが起きてきました。突然、友達からの素敵なプレゼントがあったり、少しイライラした日には注文していた商品が早めに届いたりと素敵な出来事が起こるようになりました。

自分のこれからの未来も凄く楽しみで、自分のことも少しずつ好きと思えることが増えました。本当に本当にこのレッスンには感謝の気持ちでいっぱいです♥』（主婦・30代）

また、「黒」は、自然の力を遮断してしまいかねない色です。黒を着たいときは、ブラウン（土の色）やネイビー（夜空の色）、ダークグレー（石の色）などにしてみることが、おすすめです。

※どうしても（仕事の時など）、という時は、問題ありません。

もし、あなたが「黒が大好きで黒の洋服しか持っていない！」というようであれば、少しずつ、クローゼットの中に自然の力の色の服を取り入れはじめてみましょう。

そうしてみると、きっと、何かが変わりはじめるはずです！

魔法
44

「自然の力の色」×「小さな願い」

「自然の力の色」と「小さな願い」とを組み合わせて、〃おまじない〃をつくってみると、さらに楽しむことができます。

「こうなったらいいな！」「こんな素敵な日になりますように！」という、小さな思いや願いを込めて、自然の力の色を選び、朝、身にまとってみましょう。

たとえば、こんなのはいかがでしょう♬

風の色×いい風（幸運の）が吹いてきますように！

星の色×きらりと輝くラッキーなことが起こりますように！

土の色×緊張せず、落ちついて対応できますように！

果物の色×今までの努力が豊かに実りますように！

花の色×素敵な恋が叶い、花ひらきますように！

具体的にどう使えばいいのかというと、

●大事な会議があり、絶対に弱音を吐けない日だから「最後まで、頑張り通すことができますように！」と小さな願いを込めて石の色（グレー）のワンピースにする。

●社員旅行で夜にビンゴ大会があるから、「一等が当たりますように！」と小さな願いを込めて、輝く星の色（金色）のネックレスをつけてみる。

●彼と喧嘩してしまったから、「ちゃんと仲直りできますように！」と小さな願いを込めて、深くから相手の心を包み込む海の色（青）のスカートにする。

「それなら、私は、〝空の色〟のカーディガンに、〝のびやかに自分を表現できますように！〟という小さな願いを込めて、着てみます！」とは、国内（国際）線の客室乗務員のRさん。

誰にでも、「自分の好きな色」「お気に入りの色」「私に似合う色」というものがありますが、そういうものにとらわれず、こだわりすぎないようにすることによって、より多く「自然の力」を自分の中に取り入れることができるのです。

魔法45

勝負の日には、お花の色か果物の色！

大切な日や勝負の日に、この〝おまじない〟をかけて出掛けるのも楽しいかもしれません。

特に、お花の色（花ひらく）と果物の色（努力が実る）を取り入れてみるのがおすすめです！

たとえば、

●試験の発表の日だから、「これまでの努力が実りますように！」と小さな願いを込めて、果物の色（たわわに実ったぶどうの紫色）のセーターにする。

●今日は、気になっている彼とのデートの日だから、「素敵な恋が花ひらきますように！」と小さな願いを込めて、お花の色（可愛く咲いたピンクのバラの色）にする。

　そうすると、あなたの必要とするものが、
　とびきり素敵な形で届けられるかもしれません！

『あれから、レッスンで教えていただいたことをできるだけ心がけるようにしています。そのように過ごしたこの二か月で、私に起こった素敵なことをお伝えします。

　まず、私が凄く驚いたことは、物事が今までよりも良い方向へ進んでいったということです。

　行きたいと思って当日に予約を取った美容院が、たまたま、その日リニューアルオープンで素敵なプレゼントをいただいたり、ふらっと立ち寄った雑貨屋さんで探していた食器を見つけることができたり♥

思っていたこと以上に素敵なことが起きるようになりました。

そして、今までは、デートでも前もって私が行きたいところを彼に伝えていたのですが、なんと彼が（今まで予約を取ったり、何か計画を立てるということがなかった彼が！）、何でもない日に、サプライズで私が観たいと言っていた映画のチケットを予約し、その日のデートプランを考えてくれていたのです！　本当に幸せな時間を過ごすことができました。

それだけではなく、今では、休みの日に〝今日はどこに行きたい？〟と彼が私に聞いてくれるようになりました♥』（会社員・20代）

魔法46
「絶対に大丈夫！」と言い聞かせる

くりかえしになりますが、「I am a Princess（私は、プリンセスである）」とは、

「私には私だけの価値、プリンセスの種があるから大丈夫♡」
「私には最高の価値があるから、絶対に大丈夫！」

ということです。

もしも、あなたがピンチに陥《おちい》った時があれば、
この二つの言葉を何度も自分に言い聞かせてみて下さい。
「そんな子どもだましのようなことで、効果あるの？」
「自己暗示なんて、どうせ一時的なもの！」と感じるでしょうか。

でも、これは、子どもだましではありません。
そして、ちゃんとした根拠があるのです。

その根拠は、「プリンセスの種」を通じて、
自然の力が絶え間なく循環しているということです。

自然の力は自分の力をはるかに超えた高いレベルにあるために、自分の力ではどうにもならないようなことを動かすことができます。

『この一ヶ月は楽しいこと、うれしいことに溢れていて幸せをたくさん感じることができました。

私がわたしでいることを楽しんで、受け止めるのと同じで、他の人も同様に世界があること。少しずつ分かってきたような気がしています。

そういう風に考えるようになって、まわりからの声はあまり気にならなくなってきました。

「**私には私だけの価値、プリンセスの種があるから大丈夫**♥」

そう言い聞かせると、以前のように、まわりからの評価によって、自分の価値を考えることがまったくなくなりました！』（会社員・20代）

このように、どうやっても自分では無理だ、自分の力ではどうにもならない、という絶望的な状況、八方ふさがりのような状況であっても、「プリンセスの種」と「自然の力」があるのだから（それは、ちっぽけな自分を超えて働くものだから）「絶対に、大丈夫！」なのですね！

『レッスンで教えていただいた魔法の言葉、**「私には最高の価値があるから、絶対に大丈夫！」**を、心の中で、日々、自分に言い聞かせるようにしています。

今までは大きな抵抗があったのですが、レッスンの後は不思議と素直に言葉にできたり、心の中でとなえることができました。

不安になったときや、暗い気持ちになったときも、この言葉によって、落ち着いた気持ちを感じることができています。

そうしたら、素敵な出会いに恵まれてお付き合いする方も少しずつ変わってきました！』（公務員・30代）

最初は、誰もが、疑います。でも、「騙されたと思ってやってみる」ことで、本当に効果が出ます。その時に、初めて「プリンセスの種」や「自然の力」

の存在を信じることができるようになるのです。

そして、「自然の力は、自分が幸せになるために必要なすべてのものを用意してくれている！　だから、安心していいのだ」ということが分かるようになるのです。

魔法47 ピンチの時には、勇気を出す！

特に、「毎日会社に行くのが辛い、苦しい」「朝起きられない」「心身に不調が出はじめた」「頭やお腹が痛い」「涙が出てくる」のようなピンチの時は、思い出して下さい。

「I am a Princess（私は、プリンセスである）」

あなたには、かけがえのない価値があり、とても大切な存在であるのですから、心身のバランスを崩すような状態であれば、その場所は、あなたにとてもふさわしくありません。

このような場合ではなくとも、今の職場になんとなく違和感がある、なんか違うと思う、というような「弱く、小さな感覚だけど、いつまでも心の中に残って消えないもの」もプリンセスの声（※P．127参照）ですので、見逃せない、とても重要なサインです。

もし、あなたがこのような状況におかれていて、どうしようか迷っているのなら、勇気を出して、あなたが、ほんとうに大切にされ、きらきらと輝ける場所を探す旅に出かけましょう！

そんな場所を、自然の力は、きっとあなたのために用意してくれているはずです！

『新しい仕事が決まり、仕事運に効く神社に行き、お詣りをして、おまもりも買いました。神社に入る前に〝出世の階段〟があり、急な階段を一度も休まずのぼると出世するというものでした☆

今までの色々なことや、これからのことを想いながら、ゆっくりでも一歩ずつ進んでいけば、必ず、辿り着ける場所があるのだと思いました。そして、自分自身に「おめでとう」と自然の力に「ありがとう」の言葉を贈りました♥

迷いは、不安は、たくさんあるけど、自分にふさわしくない環境を変えるために踏み出した、ちいさな一歩……♥　この一歩を大切にしようと思いました。（中略）

思い返せば、レッスンを受けはじめて九か月。

最初は、なかなか効果を感じられず、レッスンの課題と、それを実践して自分の中で気付き、学んでいくことの繰り返しでした。

目には見えない「自然の力」のこと、「ある」と信じてはいたけれど、安心まではできなかった以前の私。でも、それはきっと、私がいろんなことにこだわっていたからだって、気付きました。

幸せになるために、こういうものを持ってなくちゃ、とか、こういう仕事じゃなきゃ、こういう人とお付き合いしなきゃ、とか。

そういう強いこだわりが、自然の力の存在を安心して信じることを阻止してしまっていたんだな……って。

でも今、私は、太陽は高いところから見守っていて、風は、世界のうらがわまですりぬけて、雲は想いを届けてくれることを知りました。

そう、私の知らない世界を知っている。

だから、私の一番の幸せが運ばれてくる日を「安心して待っていよう♥」と思えるようになりました。

だって誰かに微笑んだら、微笑み返してくれる、
やさしく、あたたかい、世界に生きているんだから♥
それはきっと、自然の力と同じですよね！』

（Wさんからのお手紙より）

Chapter

4

心から好きな人、もの、場所を大切にする

「I am a Princess（私は、プリンセスである）」

それは、この世界にただひとつだけの
自分という存在そのものを愛するということです。

それは、自分は「まだ足りない」のではなく、
ありのままで「もう十分である」と考えることです。

それは、「憧れ」「理想」を追い求めるのではなく、
心から好きな人、もの、場所を大切にするということです。

魔法48 自分には足りないものを追いかけない

営業事務として働くHさんの悩みは、数年間、彼氏ができず、結婚したいのに、相手が全然見つからないことでした。

また、「私には、足りない所がいっぱいある」「私には、ダメな所がいっぱいある」と思っていました。

それを補うように、「理想の暮らしを実現している人」「憧れの仕事をしている人」「自分には足りないものを持っている素敵な人」などと友達になろうとしていました。

そして、無理をしてでも、その人間関係を維持しようとしていたのですが、「最近、それがすごく辛く感じられます……」とのこと。

このように、誰もが「自分には足りないものばかり」「自分は十分ではない」と無意識のうちにも思っているものです。

だから、自分でも気付かないうちに、「自分に足りないものを補うために」素敵なもの、憧れのもの、理想のもの（人）を追い求めてしまうのかもしれません。

でも、本当に、わたしたちは「まだ足りない」のでしょうか？

先日、エーデルワイスの秘書をしていただいている女性の方から、とても素敵なプレゼントをいただきました。

それは、美しい桐の箱に入っていました。

ドキドキしながらフタを開けると、そこには、ピンク、紫、黄色、水色の、可愛い小さなお皿が四つ、おさめられていました。

私は、紫色のお皿が、とても気になりました。手にとって、眺めてみると、うっとりするほどです。

じつは、少し前まで、私は、紫という色が、あまり好きではありませんでした。でも、この紫だけは、とても美しく見えます。

嫌いだった紫が、なんだか好きになってしまいそうなほど！

魔法49 今の自分の色をいつくしむ

そういえば、小学校の頃、赤と青の絵の具をパレットの上で混ぜ合わせ、紫色をつくったことがありました。黄色と赤を混ぜると、橙色になりました。そして、ふと、思ったのです。

わたしって、何色なんだろう？
秘書さんは、「桃色」に感じられました。

ただ、その桃色は、ただの桃色ってわけではないなあ、と感じました。
たくさんの色が混ぜ合わせられ、何度もこされて透き通った、美しい色のように思えました。

どんな色が混ぜ合わさって、今の色になったんだろう？　と考え、いろいろ想像してみましたが、最後に、「私にとって、そんなことはどっちでもいいことだ」と思いました。

なぜなら、それらを全部混ぜ合わせた全体としての色が、美しいだけではなく、温かくて、柔らかな、とてもいい感じのする「桃色」だったからです。

その人が、どんな経験をしてきて、それによって、どんな特性がつくり上げられてきたか、ということよりも、その結果として、その人がどのようであるか、ということの方が重要なのかもしれません。

エーデルワイスに訪れる女性たちにも、それぞれの色があります。

ひとりひとり違った色で、それぞれにとても素敵で、それぞれにとても可愛く、それぞれにかけがえのない一つ一つの魅力があります（エーデルワイスは、まるで、お花畑のようだなあ、と感じます！）。

でも、それぞれのもっている色は、やはり、一朝一夕《いっちょういっせき》にしてつくり上げられたものではありません。長い年月をかけて、たくさんの色が混ぜ合わされて、つくり上げられた色なのです。

自分自身は、これまでに混ぜられた色の一つ一つを覚えています。

だから、その一つ一つが気になってしまいますが、重要なのは、その一つ一つではないのかもしれません。

今ここにいるのは、その一つ一つの色が混ぜ合わされて、つくり上げられた自分だからです。

数えきれないほどの様々な要素（色）の総合体であり、どこか一部分を切り取ってみることのできない存在がわたしたちである、ということを、レッスンをする度に学ぶような気がします。

魔法50 全体としての自分を愛する

それなのに、わたしたちは、自分の中のどこか一部分に目をつけて、ここが足りない、あそこがダメ、ここも良くない、と考えます。

私の中の、ここがダメ！
私の中の、あそこが良くない！
私には、アレが足りない！　コレが足りない‼

でも、このようなことを（自分ではない）他人に対して考えたり、言ったりしたら、あまりにも厳しすぎる、と感じるのではないでしょうか。だとすれば、自分自身にたいしても、それは厳しすぎることなのかもしれません。

「私」もまた、たくさんの色が混ぜられ、
ひとつの色になって、ここに存在しているのです。

そして、その色は、この世界にただ一つだけの色なのです。

『前回ならったことは、まるで魔法のように私を助けてくれるようになりました。
「様々な経験をしてきてつくり上げられた、世界にただ一つだけの、かけがえのない自分」のことを思うと、紅茶の中にお砂糖がとけていくみたいに、優しいきもちになります。自分の心が素直に感じること、プリンセスの声を、更にのびのびと信じる力が培《つちか》われたように思います。

そうしたら、いいことが、たくさんありました。

たとえば、最近気になっていた「眠れる森の美女」のバレエ公演に誘われたり。「ドライヤーが欲しいなあ」と思った次の日、知り合いから「余ってるんだけど……」と、高価なドライヤーをいただいたり。素敵なレストランに入ると、そこの社長さんが私と友人にサービスをしてくださったり。夜、暗い道で怖かった時に、親切な方が家の近くまで送ってくれたり。

そして、恋愛面でも、嬉しいことがありました。レッスンでお話ししますね♥（ほんとに、来ちゃうんだ〜という感じです……）

なにより、今の自分に、十分に満足できるようになりました！

自分が、自分として生まれることができて、本当にうれしいなと思います』

（匿名希望）

魔法51 自分は十分であることを理解する

「この世界に、ただ一つだけ」ということ。

それは、

この世界にとって（全体にとって）、
「ただ一つだけであるようにつくられている」

ということでもあります。

前にもお話しした通り、自然の力とは、全てをつくった力です。
この世界にある自然、動物、人間のすべての源にある力です。

自然の力は、「ありのままのあなた」「そのままのあなた」を〝完全なもの〟としてつくっています。自分に対して「ぜんぜん足りない」とか「もっとこうだったらいいのに」という気持ちを抱くことは、（つくり手である）自然の力との仲が悪くなってしまう原因となってしまいます。そうすると、プリンセスの種を通じた自然の力の循環が滞り、あなたにとって必要なものが運ばれて来なくなってしまうことがあるのです。

反対に、足りない所はいっぱいあるように見えるけど、自然の力がつくったのだから、「そのままで完全」「これで十分」と思うようにすることで、自然の力との仲が良くなります。そうすると、プリンセスの種を通じた自然の力の循環が蘇《よみがえ》り、あなたにとって必要なものが運ばれてくるようになるのです。

わたしたちひとりひとりは、全体にとって必要であるからそのようにつくられた、かけがえのない一つであり、全体にたいして、小さいかもしれないけれど自分にしか果たせない大切な役割を担っています（自然の力が、それを割り振っています）。

こんな「私」だけれども、
それが、ただひとつであるというだけで、
全体（自然の力）にとっては必要であり、また、完全な存在なのです。

「あなたが今のあなたである」というだけで、
足りない所はなく、十分な存在なのです。

『高校生くらいから自分磨きを始めて、いつの間にか「素敵な自分にならなくちゃ！」「もっともっと！」と隙のない女の子になっていたんだと思います。
ここ数年、ずっと勘違いしていましたが、「I am a Princess＝私は、プリンセス」って〝素敵な自分になる為に自分を飾る〟のではなく、〝自分に戻る〟ということなんですね！』（弁護士秘書・20代）

魔法52 自然の力の視点から自分を眺める

さあ、自分の視点（個人的な視点）から抜け出してみましょう！
それは、〝自然の力の視点〟から自分を見つめてみるということです。

自分の視点（個人的な視点）からでは見えてきませんが、自然の力の視点（全体的な視点）から見れば、あなたが〝ありのままのあなたである〟ということが、最も貴重であり、いちばん重要なことなのです。

なぜなら、あなたは全体をつくり上げるかけがえのない一つであり、あなたの役割を代わりに担うことのできる人はいないからです。

お花畑に咲く、たった一本のお花が萎《しお》れてしまうということは、全体にとって重要な何かが失われてしまう、ということなのかもしれません。

先日、九州に旅行に行って大自然と触れ合って来たという一人の生徒さんは、こんなことを目を輝かせながら教えてくれました。

「その旅行で、すべては〝粒〟でできている、ということを聞いたのです。目の前の自然、たとえば、大きな杉の木も、巨大な岩も、一輪の花も、そして〝私〟も、同じ粒子が集まってつくられているのだから、私は自然の力の一部なんだ、ということを実感しました。

自然の力は大きいなあ、と思いました。
それに比べて、自分は、なんて小さいんだろう！」

魔法53 自分のあら探しをしない

自分自身のあら探しをして、どこか一部分を「足りない」「良くない」と指摘することは、理想とするものを目指したり、憧れている人のようになるために背伸びをしようとする衝動の引き金となってしまうことがあります。

このようになってしまうと、自分に授けられているかけがえのない価値（プリンセスの種）の存在を無意識のうちにも否定したり、無視してしまうことになり、プリンセスの種がよく育たなくなってしまうのです。

だから、あまり、憧れの人のようになろうとか、理想を追いかけようとしないこと。そして、「今の自分で十分である。だから、今の自分で大丈夫だ！」と考えることが、とても大切なことなのです。

『前回学んだ、「自分だけの素晴らしさを信じる」ということ。私は、自分が周りと違うことに悩んでいましたが、レッスンの後から、私には、私だけにしかない良さがあるのだ、とだんだん信じることができるようになりました。ダンスも「○○さんみたいになりたい！」と思っていましたが、私だけの個性をみせたいなと思えるようになりました。

すると、とっても楽になって……♥

人と比べることが日常面でもなくなりました。

最後の学祭も大すきな仲間たちと、すごく楽しく踊ることが出来て、すごく素敵で、しあわせなものになりました。このような成長は、本当に本当に、うれしいことでした。
まだ完璧ではありませんが、自分のスペシャルな価値にふさわしく、自然の力が運んでいってくれるだろうと身を任せることができるようになりました！』（大学生・20代）

このお手紙をくれたMさんは、それと一緒に、シンデレラのハンドクリームをプレゼントしてくれました。シンデレラも、もしかしたら、自分だけの素晴らしさを信じ続けた人なのかもしれません。

「今のまま、このままの自分で十分なのだ。
この世界にとって、また、全体にとって、
ありのままの私に最も価値があるのだ！」

このことに気付いたHさんが、まず思ったことは、
「それなら、憧れや、素敵なものを追い求める必要はない」
ということでした。

無理をして「憧れの人」「素敵な人」「理想の人」を探して友達になり、その関係を維持しようとすることをやめました。

必死になって仲間に入ろうとしていた人たちと離れ、その代わりに、「心から好き！」「この人といると楽しい！」と思える人だけと一緒にいるようにしたのです。

魔法54 心から好き、と思う人と一緒にいる

心から好き、一緒に居て楽しい、と思える人。

「憧れ」や「素敵だから」という理由でつながっている人。

誰にでも、その二種類の人間関係があるのかもしれません。

でも、「このままの自分で、もう十分である！」ということを知ったなら、憧れの人や素敵な人、理想とするものを、そこまで追い求めることはなくなるのかもしれません。


『自分に足りないのではなく、自分が持っていることに気づいていないのだ、と考えるようになりました。「今の自分で大丈夫だ！」ということに気づくことができました』（医療関係・30代）

『今までも、人間関係は厳選してお付き合いしてきたつもりでしたが、レッスンを受けて自分の素直な気持ちと向き合いました。そして、「自分に足りないものを持っているからつながっていたい人」「憧れていて羨《うらや》ましいと思っている人」などの関係を思い切って、断ち切りました。

さびしかったり、不自由なきもちになるかな？　と思ったのですが、全然!!　そんなことなく、むしろ前よりも幸せで、穏やかな日々を送ることができるようになりました』（匿名希望）

魔法55 憧れのものや人を追いかけない

憧れのものや人を追いかけないようにしたHさんは、心から好きなもの、人、場所を探し求めるようになりました。

「最近、心から好きだと思える場所が見つかったんです。近所にある紅茶屋さんなんですけど、そこに、毎週のように行っています。そこのマダムと話が合って、とても楽しいんです！」

と、ステキな笑顔で話してくれました。

「それから、憧れの人と友だちになろうとするのをやめたら、なぜか、それ以上に素敵な人とつながる機会が増えたんです。先日も、その紅茶屋さんでお友達になった方に、イタリア旅行を誘われたりして……。なんだか、不思議な感じです！」

冒頭でもお伝えした通り、プリンセスの種が育つにつれて、自分に必要なものが、自然と、運ばれてくるようになります。それは、自分の期待、望み、願いをはるかに超えた高いレベルのものなのですね！

それから数か月後、Hさんに、最も嬉しいことが起こりました。
ついに、とっても素敵な彼氏が出来たのです！
その彼は、「ありのままの自分を受け入れ、そのままの自分を一番大切にしてくれる王子様」なんだとか。

『ひとつ、ご報告があります！　ついに、私にも王子様が現れました。

彼との関係で一つ思うことは、今までのどの恋愛よりも、ありのままの自分でいられることです。一つも我慢しない状態。いつものびのびとしていて、ふんわり幸せな気持ちでいることが多いです。

たまに私が落ち込んだりした時には、お話をたくさん聞いてくれて、優しくすべてを受けとめてくれます。

彼は、「きみが喜んでくれることが、一番の幸せ」と言ってくれます。

本当に今は、穏やかな気持ちで、幸せを感じています！』

（Hさんのお手紙より）

あなたには、あなただけの色があり、
それは、この世界のどの色とも違う、
かけがえのない魅力を持った色なのです。

「I am a Princess」とは、
自分には、世界でただ一つの色、つまり、
かけがえのない価値があることを知ることです。

そして、ありのままの自分、そのままの自分に満足し、
今いる環境に心から満ち足りることです。
そうすれば、自然の力がすべてを運び、
すべてを叶えてくれるのです。

Special Thanks

編集担当の中村悠志さん
デザイナーの諸橋藍さん
学長秘書の内田奈美子さん

あとがき

✲

拝啓、偉大なる私のおじいちゃんへ

真っ白な塀に、ぐるりと周りを囲まれた、まるで、時代劇の中に出てくるような、立派で、大きなお屋敷に、私のおじいちゃんは、住んでいた。

その厳しいことは、評判で、怒ると、とっても怖いから、って、お母さんは、言っていた。小さな頃の枕元で、よく、「昔の話をしてちょうだい」って、せがむ度に、お母さんは、ちょっと困ったような顔をして、いろいろなことを話してくれた。

その話を聞いて、私は、なんとなく、思った。

「お母さんは、すごい家の、お姫様なんだ！」

もちろん、母は、ちっとも、そんなつもりじゃなかったであろうから、こんなことを書いたら、びっくりするであろうけれど。

さて、話は変わるけど、私には、小さな頃から、変わらない大好物がある。それは、まあるく握った白いお米の周りを、ぐるりと海苔が包んでいる、おにぎりだ。あ、おにぎり、と言うよりも、おむすび、と言った方が、縁起がいいと聞いたことがあるので、「おむすび」と書くことにしよう。

なんで、好きなのかは、わからない。

だから、生まれてから、ずっと、いちばんの、私の「謎」は、「なんで、自分が、こんなにおむすびが好きなのか、ということが、わからない」ということだった。

✽　✽　✽

その謎が、ついに、解ける日がやって来た。それは、私が、いつだったか、ひとりきりで、おじいちゃんのお屋敷に、行ったときであったような気がする。

そこには、白くて、長くて、大きな塀の他に、大きくて、とても背の高い、松がある。江戸時代からここで立っている、という、おじいちゃん自慢の松だ。

それから、美術館のように、きれいに手入れがされた、お庭がある。巨大な岩がごろごろあって、背の高い木や、低い木や、お花の咲く木や、実のなる木が、ほんとうに、美しく、並べられている。私は、こんな庭を、たしか、中学校の歴史の資料集で見た気がする。

「このお庭って、もう、ずうっと、ここにあるの？」

「いいや、自分で、作ったんだ。

あの大きな岩も、運び込んだんだよ」

へえ！　私は、度肝を抜かれてしまった。おじいちゃんに、こんな〝さいのう〟があったなんて！　もうちょっと、違うことが、得意かと思っていた。

それから、わたしたちは、近くに最近できたという、一軒の、小さなお蕎麦屋さんへ、一緒に行った。

古民家を改装して作られたという、〝地域活性化プロジェクト〟の一貫だと、おじいちゃんは説明してくれた。

席につくと、中から、ひとりの、若い男性が出てきた。わたしたちは、同じお蕎麦を注文した。美味しかったか、味を忘れてしまったが、たぶん、美味しくなかった、ということは、なかった。

食べ終わった後、ふと、そのお店の男性が、おじいちゃんに話しかけた。

「ここら辺の人ですか？」

なんでも、これから、その〝地域活性化プロジェクト〟というのを進めていくにあたり、山や、土地をもっているような人を紹介してほしいらしい。

「どこに、お勤めだったんですか？」

ずいぶん、ずけずけと、立ち入ったことを聞いてくる人だなあ、と思いながら、私は、じっと、耳をかたむけていた。（おじいちゃんは、この地域の役場の、すごい、えらい人だったんだよ。5期連続選任されたのは、全国でも、いちばんの、記録なんだから！　それに、総代とか、総代長とか、っていう、それとは別の立派な役割もしているんだから。きっと、それを聞いたら、びっくりするだろうなあ！）

ところが、おじいちゃんは、ただ一言しか、答えなかった。

「わたしは、役場に、勤めていました」

へ？　それだけ？　私は、拍子抜けしてしまった。役場で、どんなことをしてましたとか、どういう役職に就いてました、とか、言わないの？　いろいろな役職があるんだから、一番下だって、思われちゃうかもしれないじゃん！

そして、とてもていねいに、「わたしの知っている人に、聞いてみます」と、その若い男性に言っていた。男性は、うれしそうにしていた。

✽　✽　✽

そうそう、話は、おむすびに戻るけど、この後だったか、その謎が解けたのだった。それから、おじいちゃんは、何分か、車を走らせて、私のことを、ある場所に連れて行ってくれた。

それは、この家の、はじまりである人が、生まれた場所だった。

「初代安碩」

おじいちゃんは、その名前を、何よりも誇りにしていた。私がおじいちゃんの家に泊まるときの、二日目の昼に、必ず、登場するのが、「初代安碩、二代目安碩……」と書かれた、古い、ぼろぼろの、しなびた一冊の冊子だった。

〝かこちょう〟というものらしく、この地域の歴史の記録が綴られているものらしい。それは、おじいちゃんの宝物のようだった。私には、もっと価値のある宝

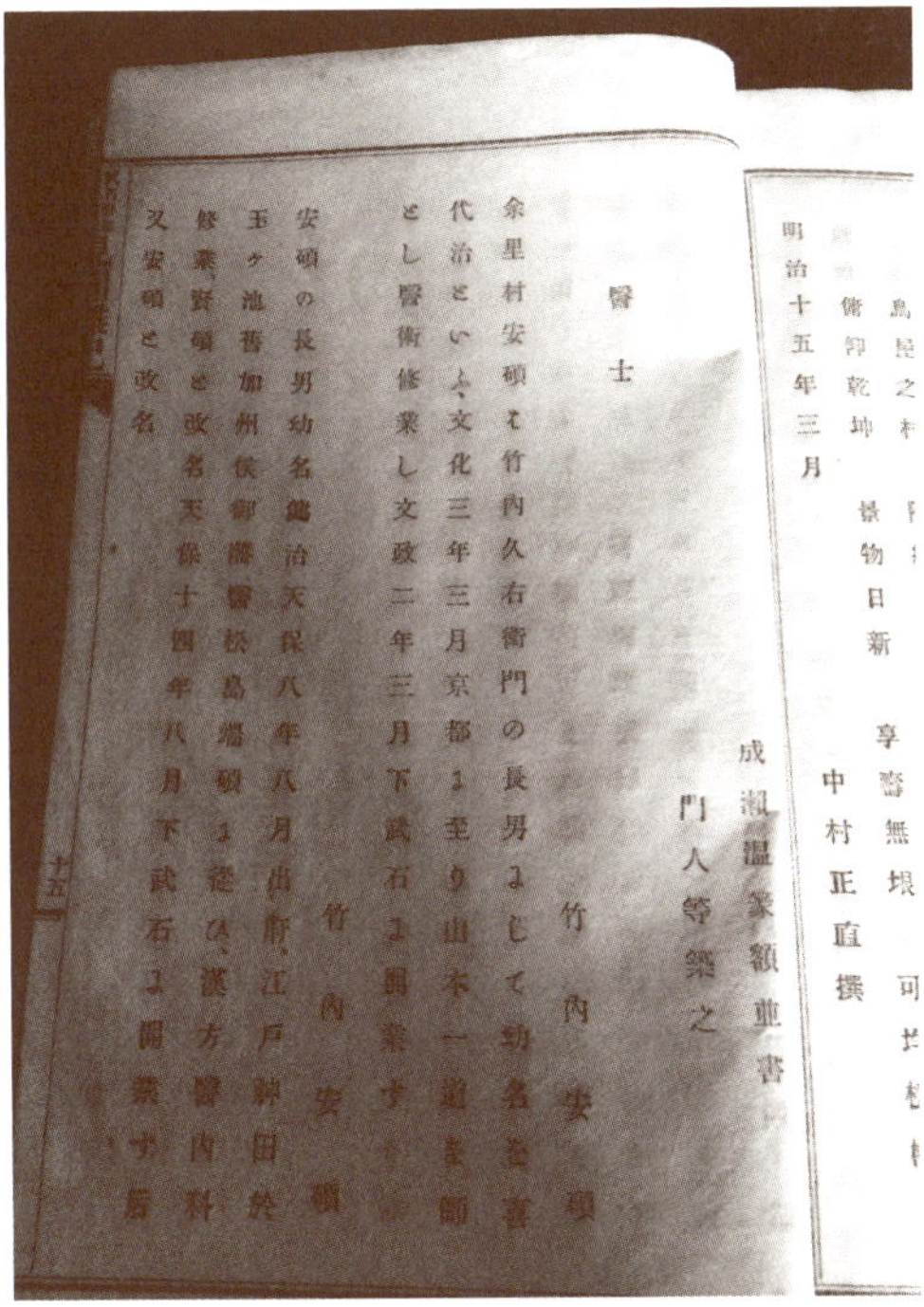

島是之村
備仰乾坤　景物日新　享壽無垠
明治十五年三月　中村正直撰
成瀬温篆額並書
門人等築之
醫士　竹内安碩
余里村安碩は竹内久右衛門の長男にして幼名を喜代治といふ文化三年三月京都に至り山本一道を師とし醫術修業し文政二年三月下武石に開業す
竹内安碩
安碩の長男幼名鎗治天保八年八月出府江戸神田於玉ヶ池舊加州侯御藩醫桜島端碩に従ひ漢方醫内科修業賢碩と改名天保十四年八月下武石に開業す后又安碩と改名

物が、いっぱいありそうに見えた。たとえば、刀とか、小判とか、ほら、土蔵の中から見つかったという、西郷隆盛の掛け軸とか。

それなのに、こんな、一冊の冊子が宝物なんて！

おじいちゃんは、つくづく、わからない、と思った。

✻

✻

✻

初代安碩先生、という人の生まれた場所は、本当に、美しい場所だった。

東京で、ずっと暮らしていて、それに慣れてしまった私には、まるで、桃源郷のように感じられた。山に、ぐるりと四方を囲まれ、川が、隣をきらきらと流れ、花も、いくつか、咲いていた。

そして、おじいちゃんは、ある話をはじめた。

「初代安碩先生、という人が、お医者さんになるための修行に向かう時、そのお母さんが、〝にぎりめし〟を握ってもたせてくれたんだよ」

にぎりめし、とは、たしか、昔の言葉で、おむすびのことだ。

ああ、だから、私は、おむすびが、好きなんだなあ、と、ぼんやりと、思った。

生まれてから、ずっと謎であったことが、ぷつん、と解けた瞬間だった。

✼　✼　✼

それから、車に乗って、家に帰る途中、おじいちゃんは、なんで、初代安碩先生という人が、お医者さんになりたい、と思ったかを話してくれた。

それは、咳がとまらずに苦しんでいたおばあさんを治してあげたかったから、なんだって。

なんか、スーパーマンみたい！

そのために、17歳の時に、家を出て、17年もの修行を積み、故郷に戻り、そして、医院を開業したと言う。

おじいちゃんは、この、初代安碩先生という人の、心のようなものを、とても、誇りにしているようだった。

私だったら、ぜったい、できない、と思った。でも、おじいちゃんだったら、できそうだなあ、とも思った。

それから、お父さんにも、できそうだなあ、とも思った。

自分の家のことを、あまり、ながながと書くものではない、と怒られそうだけど、私の父は、私にとり、ヒーローのような人である。私だけではなく、きっと、家族のみんなにとって。母と、妹と、私を守るために、生涯をかけて、戦い続けた人である。何よりも特別なことは、14歳の時、一つのことで苦しんでいた私のことを、我が身を呈して、助けてくれたことだった。

そういった意味で、父は、スーパーマンであった初代案碩先生に、じつは、いちばん、近いのかもしれない。

✽　✽　✽

そんなことをぼんやりと考えながら、のどかな田舎道を車に揺られ、やがて、白くて大きな、長い塀の家が見えてきた。あ、おじいちゃんの家だ。

おじいちゃんは、どんな思いで、この家を建てたんだろう、とふと、思った。聞いてみようかな、いや、やめとこう。だって、ぜったい、

「ご先祖さまのためだ！」

って言うに、決まってるんだから。おじいちゃんは、ぜんぶ、自分のためにやっているのではない、というのが口癖で、実際、ほんとうに、そうだった。

家も、庭も、お墓だって、みんな、みんな、ご先祖さまのため、それは、ご先祖さまこそが、わたしたちの命のつながりの、はじまりにあるからだった。その

はじまりを大切にすることが、生きていく上で、とても大切なことだということを、おじいちゃんは、その背中で、私に、教えてくれた。

✽
✽
✽

いつか、おじいちゃんに、「座右の銘」みたいなものを教えて、と言ったら、それからしばらくして、丁寧な手紙をくれた。

おじいちゃんの手紙は、いつも、背筋が、ピンと伸びる。

真っ白な封筒に、真っ黒な墨で、書道の先生のような字で綴られていて、孫の私にも、敬語を使い、たまに、宛名に「〜様」ではなく、「〜殿」って書いてある。
そんなおじいちゃんのお手紙コレクションは、幼い頃から積み重ねられ、私の机の中で、もう、分厚い束になっている。

＊
＊
＊

『私の生活信条は、書家の先生に記して頂いた下記の二つであり、これを寝室に掲げ、朝晩、黙読して、既に半世紀を過ごして参りました。

「希望に起きて、感謝反省に眠る」
「己を捨てて、人を立てることを知れ」

そして、ここに付け加えるとするならば、

①理に叶い
②法に叶い
③情に叶う社会の創造

です。これを簡潔にご説明申し上げますと、①は、世の中は筋の通らない曲がったことは駄目です。②は、日本は法治国なので、法律に反することは駄目です。③は、①②の世の中でも、温かい血の通う社会であって欲しい、お互いの力で、平和な社会を築いて行きたい、という意味です』

＊＊＊

むずかしい、と思った。

私には、一生、できない。第一、希望に起きられない日があるし、感謝できない日もある。反省は、努力すれば、毎日できるかもしれないけれど。己を捨てて、というのも、どうしたらいいのかわからない。それから、社会のことなんて、考えられない。自分のことだけで、精一杯なんだもん！

そんなことを思いながら、窓の外を見ると、

あ、夕焼けだ。

✽ ✽ ✽

じつは、初代安碩先生から、何代か続いた後、こんな悲しいことが訪れた。

勉学に励み、日本で一番難しい大学に入学し、卒業をした春休みに、友達の家が火事になり、その友達を救うために、水を被って、火の中に飛び込み、それがきっかけで、風邪をこじらせ、肺炎になって、その後を継ぐべきだった人が、亡くなってしまったのだ。

さあ、これからお医者さんとして、たくさんの人の命を救おう、と思った矢先のことだった。

その話を聞いた時、ちょうど、私は、その人が亡くなった27歳だった。
心の奥に、ずーん、ときて、私は、何かしなくてはならない、と思った。
そういえば、ある人が言っていた。「志《こころざし》が一番大切なものだ」と。
私は、亡くなってしまったその人の志を、受け継がなくては、と思った。

✽
✽
✽

ある秋の日、おじいちゃんは、「菊を見に来い」と私に言った。
私は、急いで、菊を見るために、おじいちゃんの家に向かった。家につくと、玄関のところに、見たこともないような大輪の菊が、行列を作って、ずらりと並んでいた。一つの花の大きさが、私の顔ほどもある。

「これ、ほんとうに、おじいちゃんが育てたの?」

「そうさあ!」

なんでも、菊は、手がかかるらしい。毎年、育てているらしいのだけど、私は、今までに、一度も見たことがなかった。

34年間生きてきて、はじめての、「おじいちゃんの菊」は、その後、私の携帯の待ち受け画面になった。この菊の中に、おじいちゃんが込めた心に辿り着くまでには、あと、どれくらいかかるのだろう。きっと、一生かかっても、無理だなあ、ということを、ぼんやりと思った。

菊は、亡くなった同窓生たちの家に配り、お仏壇に供え、お経を上げてやるのだと言う。もう、おじいちゃんの年齢では、ほとんどの人が亡くなり、あと、二

～三人ほどしかいないと教えてくれた。

菊を持って、同窓生の家を、一軒、一軒、訪問しているおじいちゃんの姿が目に浮かび、これも、私には、とてもできないことだなあ、と思った。

✽ ✽ ✽

それから、おむすびの謎が、ついに、完全に解けた。

それは、おむすびの周りをぐるりと囲む「海苔」についてだった。私は、お米の部分も好きだが、それ以上に、海苔の部分が、ほんとうに、好きだった。

これも、わけもなく、無性に、どういうわけか、好きだった。

だから、海苔のないおむすび、というのは、私にとって、おむすびではない、と言い切ってしまえるほどだ。

「海苔」にまつわるエピソードは、なんでも、二代目安碩先生の孫にあたる、国のために生涯にわたり力を尽くした、大変に偉く、立派な方がいて、その方は、おじいちゃんのことを、とても可愛がって下さったとか。そして、おじいちゃんが7歳くらいの頃、「海苔」をプレゼントしてくれたんだって。私は、その話を聞いた時、海苔のことよりも、7歳のおじいちゃんのイメージが浮かばず、目を白黒させてしまったのだけど。

あとから、よくよくかんがえてみると、もしかしたら、私の「海苔好き」も、そこらへんに、起源を持つのかもしれない。

✽　✽　✽

こんなふうに、一つの命のなかには、自分でも分からないようなものがいっぱい詰まっているのかもしれない。私の中で、これまでに発見できた一番大きなものは、「おむすび（海苔付き）」だ。

おじいちゃんが教えてくれるように、一つの命は、つながりのなかにあって、そのつながりの中から、いろいろなものが、入るのかなあ、とも思った。私の中には、「おむすび」の他にも、何かが入っているのかなあ。

そう考えると、一つの命とは、ほんとうに、不思議なものだと思った。

そして、その一つ一つに、なにか、全体にとっての、役割のようなものがあるのかもしれないなあ、と思った。

それも、私の中に入っていて、それが、いつか、見つかるといいなあ、と思った。なぜかというと、なんとなく、それを果たしていくことこそが、幸せなのかもしれないなあ、と思ったからだ。

その日まで、「そうなりますように！」って祈りながら、生きていくことにしよう。

右手を仏様、左手を自分、と思って、両方の手を合わせるようにしながら。

おじいちゃんが、私に教えてくれたように。

あなたの孫より、愛をこめて

敬具

みなさまへ

この本の中の素晴らしいエピソードの数々は、
EDELWEISS PERE & MERE（エーデルワイス）という
学校から生まれたものです。

でも、それって、どんなところなの？

それでは、下記のURL（学校の公式ホームページ）の中で、
それがどんな場所なのかということを、できるだけ詳しく、
あなたにお伝えさせていただけたらと思います。

エーデルワイスの宝箱
https://www.edelweisspere.net

ここにあなたをお迎えすること、それが、これからの私の夢です。
それから、最後にひとつ、あなたに贈る“魔法の言葉”を。

“ You are a PRINCESS ”

私の、ずっと変わらぬ思いであり、願いであり、祈りです。

あなたは、“世界で一番素敵なプリンセス”。
「最高に価値のある、とても大切な存在」なのです。

上原愛加

［関連する書籍］
世界一！愛されて幸福《しあわせ》になる魔法のプリンセスレッスン（学習研究社）
大好きなひとに世界一！愛される魔法のプリンセスレッスン（学習研究社）

上原愛加 Aika Uehara

EDELWEISS PERE & MERE（エーデルワイス）学長。東京女子大学文学部を卒業後、社長秘書、会長秘書として勤務。21歳の時、現在の学校の前身となる学校を開き、「プリンセスレッスン」が開かれはじめる。全国各地から女性が通い詰め、「幸せになれた！」という沢山の声を元にした書籍『世界一！愛されて幸福になる魔法のプリンセスレッスン』をはじめとし、著書は30冊以上に及び、累計105万部を超える。34歳の時、江戸時代より、200年以上に及ぶ父方、母方の両家の歴史と伝統に立ち返り、それを深くから学び、それに根ざして、現代を生きる女性を健やかに、幸福に育むための学校である「EDELWEISS PERE & MERE（エーデルワイス）」を正式に開校する。

［公式HP］https://www.edelweisspere.net
［公式ブログ］https://lineblog.me/edelweiss/

人生は、だれでも
魔法のように変えられる！
この魔法は、あなたの現実を動かす!!

2019年5月7日　第1版第1刷発行

著　者　上原愛加
発行者　後藤淳一
発行所　株式会社PHP研究所
［東京本部］〒135-8137　江東区豊洲5-6-52
第四制作部人生教養課　☎03-3520-9614（編集）
普及部　☎03-3520-9630（販売）
［京都本部］〒601-8411　京都市南区西九条北ノ内町11
PHP INTERFACE　https://www.php.co.jp/

印刷所　株式会社精興社
製本所　東京美術紙工協業組合

©Aika Uehara 2019 Printed in Japan　ISBN978-4-569-84067-3

※本書の無断複製（コピー・スキャン・デジタル化等）は著作権法で認められた場合を除き、禁じられています。また、本書を代行業者等に依頼してスキャンやデジタル化することは、いかなる場合でも認められておりません。
※落丁・乱丁本の場合は弊社制作管理部（☎03-3520-9626）へご連絡下さい。送料弊社負担にてお取り替えいたします。